JN044960

マドンナメイト文庫

素人告白スペシャル 冬のほっこり熟女体験

素人投稿編集部

第三章　雪が舞う夜に濡れ香る艶めかしい裸身

第四章　年の瀬に遭遇した男と女の甘美な肉悦

※本書に掲載した投稿には、読みやすさを優先して、編集部でリライトしている部分もあります。なお、投稿者・登場人物はすべて仮名です。

第一章 真冬に火照った肉体を持て余す美熟女

タクシードライバーが乗せた謎の酔女
寂しさに耐えられず熱い牡棒を求めて

藤谷隆太　会社員・三十一歳

高校卒業後に営業の仕事に就いたものの、上司のパワハラに嫌気が差し、四年前に退職したあとはタクシー会社に再就職しました。

私の住んでいる場所はひどい田舎で、ろくな勤め先がないのですが、もともと車の運転は好きですし、精神的にはかなり楽になりました。

これは、いまから二年前の冬の話になります。

昼間は観光客、夜は繁華街に出向いて酔客を乗せるパターンが中心で、特に師走《しわす》の時期は忙しくなり、タクシー会社としてはいちばんの稼ぎどきでもあります。

夜の遅い時間帯には店員の乗客も多くなり、二年も続けていると、自然と顔馴染みのお客さんも多くなりました。

「あら、またあなたなの？」と話しかけてきた女性は四十路を超えたあたりで、三日に一度は顔を合わせ、いつも酔っぱらっていました。

濃いめのアイシャドーに真っ赤なルージュと、派手な化粧はしていましたが、丸顔で鼻が小さく、ベビーフェイスにコートの上からでもわかる肉感的な肢体がとても魅力的な女性でした。

やがて世間話をするようになり、予想はしていましたが、熟女キャバクラに勤めているとのことでした。

繁華街から彼女の自宅まで、二十分以上はかかったでしょうか。

店の近くに住まないのは、彼女はバツイチのうえに子どもがいて、働きに出るときは親に預けているらしく、実家は兄夫婦が住んでいるため、近場に部屋を借りていると話していました。

あれは忘れもしません、クリスマス前日のこと。彼女はぐでんぐでんの状態で、おぼつかない足取りで車内に乗り込んできました。

「はあぁ、もう、やんなっちゃう!」

「どうしたんですか？　いやなお客さんにあたりましたか？」

「そうじゃないの」

彼女は深い溜め息をついたあと、ふとさびしげな表情を見せました。

こういうとき、タクシーの運転手はよけいなことを聞いてはいけません。

発車させたあと、私は口を閉ざし、車の運転に集中しました。

ところが十分ほどたったあと、彼女は突然口を開き、とんでもないお願いをしてきたんです。

「……ねえ」

「はい？」

「これから、私んちで飲みなおさない？」

「は？」

いったい、どういうつもりなのか。

バックミラーで様子を探れば、彼女は妖艶《ようえん》な笑みを向けていてドキリとしました。

独身の熟女が夜の仕事をしているということは、異性に関してもそれなりの経験があるはずで、スケベ心がムクムクと頭をもたげました。

それでも、乗客と個人的な接点を持つのは会社の規約違反になります。

「この時間だし、もう上がりなんでしょ？」

私は生唾を飲み込みつつ、はっきり拒絶しました。

「だ、だめですよ。これから営業所に戻らなきゃいけないんです」

いまはデジタル無線ＧＰＳシステムがありますので、タクシーがいまどこを走っているのか、即座にわかってしまいます。

乗客の家にしけ込むことなど、できるはずもありませんでした。

「じゃ、そのあと、私んちに来て……絶対よ！」

彼女の指示には何も答えず、アパートに到着したところで後ろを振り返ると、目を閉じて眠っているように見えました。

「お、お客さん……着きましたよ」

「う、ううん」

「お客さん！」

「あら……もう着いたの？」

料金を払ってもらい、領収書を渡しても、彼女はシートに寄りかかったまま降りようとしません。

「お客さん、どうしたんですか？」

「足が動かないの……悪いけど、部屋まで連れてってくれる？　一〇一号室だから」

「……そんな」

「はい、部屋の鍵」

彼女はバッグから鍵を取り出し、私に無理やり手渡しました。

ほとほと困ったのですが、このままではむだな時間が過ぎるばかりですし、私は仕方なく運転席から降り、後部座席に向かいました。

「しっかりしてください……あ、重い」

肩に担いだところで豊満な肉体がのしかかり、私は思わず本音を告げてしまいました。

「何？　いま、なんて言ったの？」

「あ、いたた、す、すみません……」

とたんに頬をつねられ、すかさず謝罪した瞬間、コートの前がはだけ、ドンと前に突き出たバストのふくらみに私の目は釘づけになりました。

あのときは仕事が忙しくて溜まっており、股間に熱い血潮が流れ込みました。

下腹部全体がムラムラにおおい尽くされ、完全に性欲のスイッチが入ってしまったんです。

熟女の首筋からただよう甘い香水の香りも思考を麻痺させたのですが、必死に理性を保ち、部屋の鍵を開けて玄関口まで連れていきました。

「さ、着きましたよ。しっかりしてください……んっ!?」

彼女は振り向きざま唇を重ね、情熱的なキスで私の男を刺激しました。

ねっとりした舌が口の中にもぐり込み、ジュッジュッと唾液をすすり上げる最中、柔らかい下腹を股間の昂《たかぶ》りにグイグイ押しつけてきたんです。

「ん、む、むうっ」

体を離そうとしても、首に手を回され、どうにもできずに頭の中が甘くしびれていきました。

「会社に戻ったら、すぐに来て。シャワーを浴びて待ってるから」

唇がほどかれるや、彼女は悩ましい眼差しを向け、ささやき声で淫らな誘いをかけました。あの時点で心臓は早鐘を打ち、男の分身はフル勃起していたんです。

「で、でも……」

「あら……ここ、たいへんなことになってるわよ」

「あ、おおっ」

手のひらで股間をなでさすられたとたん、背筋を性電流が走り抜け、私は情けない声をあげながら腰を引きました。

「ふふ、かわいいわ」

口元にソフトなキスを何度もされ、さらにはペニスをギュッギュッとつかまれるたびに凄まじい快感が下腹部全体をおおい尽くしました。

実は私、異性にはまったくもてず、女性経験は風俗でしかなかったんです。

もしかすると、素人との初体験は目の前の熟女になるのではないか。そう考えただけで牡の本能が爆発し、かすかに残っていた理性が粉々に砕けました。

「こんな状態で、収まるの？　家に帰っても、悶々《もんもん》として寝られないんじゃない？」

「あ、ああ」

「ね、すぐに戻ってらっしゃい……一滴残らず、しぼり取ってあげるから」

「は、おおおっ」

卑猥な言葉が心臓をグサリと貫き、ペニスが痛みを覚えるほど突っ張りました。

あまりの昂奮に、あのまま射精するのではないかと思ったほどです。

私は積極的に彼女の唇をむさぼり、豊かな乳房を手のひらでもみしだきました。続いてヒップに手を回し、心地いい弾力感をたっぷり味わったんです。

「は、ふぅン……だめよ」

「はあはあ……ど、どうしてですか？」

「営業所に戻らなきゃ、いけないんでしょ？」

「……あ」

「部屋の鍵は開けておくから、すぐに戻ってらっしゃい」

「は、はいっ！　さ、三十分で戻ってきます!!」

はっきりした口調で告げたあと、私は脱兎のごとく部屋を飛び出し、タクシーに乗り込みました。

冷静さを取り戻すこともできず、頭の中は性欲一色に染まり、熟女を抱くことだけを考えていたんです。

営業所に戻り、業務連絡と売上金を渡したあと、私は自分の車で一目散に彼女の自宅に向かいました。

インターホンを鳴らしてからドアノブを回すと、約束どおりに鍵はかけられておらず、緊張の面持《おもも》ちで室内に足を踏み入れました。

「ご、ごめんください……」

奥の部屋から明かりは洩れていたのですが、返事がなく、眠ってしまったのかと肩を落とした直後、廊下側の引き戸が開き、バスタオルを体に巻いた熟女が姿を現しました。

「あら、早かったのね」

「あ、は、はい」

「ちょうどシャワーを浴び終えたところよ。上がって」

「お、お邪魔します」

軽く頭を下げると、彼女はそっと歩み寄り、含み笑いを洩らしました。

「やだ、まだテント張ってるじゃない」

「あ、す、すみません」

あわてて謝罪した瞬間、至近距離で熟女の容貌を目《ま》の当たりにしました。

すでに化粧を施しており、またもや甘い香りが鼻をかすめ、ペニスの芯がジンジン疼きだしました。

「こっちにいらっしゃい」

奥の部屋に導かれると、ベッドが目に入り、昂奮が頂点に達しました。

とはいえ、素人との経験がない私にとっては、強引に押し倒すことなんてできるはずもありません。

冴えないタクシー運転手に、なぜ誘いをかけたのかも不思議でした。

「あ、あの……」

「ん、何?」

「どうして、私を……」

率直に疑問を投げかけると、彼女は苦笑してから答えました。

「親からね……いつまでこんな生活を続けてるんだって怒られたの。私だって、好きで夜の仕事をしてるわけじゃないわ。でも子どもを育てるにはお金がかかるし、しょうがないじゃない」

「な、なるほど……それで……ムシャクシャしてたんですね？」

「そ、あなたはね、私のオアシスだったのよ」

「オアシス？」

「無口だけど、いつも笑顔で優しい言葉をかけてくれるし、なんかホッとするのよね。だから、今夜のことはお礼の意味もあるのよ」

私自身はどの客にも同じ態度で接していたつもりでしたが、彼女からすれば、安心感を与えてくれる人間に見えたのかもしれません。

ジャケットを脱がされ、ネクタイをほどかれると、私はあわてまくりました。

こちらは一日中働いて汗をたっぷりかいており、まだシャワーを浴びていないのですから当然のことです。

「あ、あの……」

「……何？」

「シャ、シャワーを……浴びさせて……ください」

「ふふっ、だめよ。男の人とこういうことするの久しぶりなんだから、もう我慢できないの」

「で、でも……」

「あそこだって、濡れちゃってんだから」

耳元で甘くささやかれ、またもやストッパーが弾け飛びました。

棒立ち状態のまま服を脱がされ、ズボンとトランクスを引きおろされると、ペニスがジャックナイフのように跳ね上がりました。

しかも先走りの汁がダダ洩れで、透明な粘液が鈴口と下着の裏地で糸を引いていたんです
「きゃっ、すごいわ……ビンビン！　もう出ちゃってるじゃない」

「あぁ……は、恥ずかしいです」

「だめよ、隠しちゃ。よく見せて」

熟女は腰を落としてペニスを握り込み、熱い吐息を吹きかけました。

「硬くて、大きいわ……歳はいくつ？」

「さ、さ、三十一です」

「やっぱり若いのね。こんなに筋張っちゃって」

「お、おふっ」

袋からペニスの横べりに軽いキスをくれたあと、彼女は裏茎をチロチロと舐め上げ、カリ首に舌を這わせました。

快感に背筋がゾクゾクしましたが、汗くさくないか、とても複雑な心境でした。

恥ずかしさで身をよじらせたのも束の間、熟女は真上から唾液を滴《したた》らせ、とろとろの粘液がペニスを包み込むと同時にがっぽり咥え込んできました。

「あ、ふうぅぅっ！」

「ン、ン、ンぷぷっ」

驚いたことに、彼女は根元まで呑み込み、顔をゆったり引き上げる最中、舌先で裏茎を這いなぶってきたんです。

予想どおり、魅力的な熟女は性体験も豊富なのでしょう。軽やかな首の打ち振りが徐々に速度を増し、ギュプギュパッ、ギュポッと淫らな音が聴覚を刺激しました。

彼女はさらに髪を振り乱し、首をS字に回してきりもみ状の刺激を吹き込んできたんです。

「ああ、ああ、ああっ」

よだれのしずくがポタポタ落ちるたびに、私は熱病患者のような喘ぎ声をあげました。

風俗嬢とは比較にならない愛情のこもったフェラチオに、私は膝をふるわせるばかりで、自分から手を出すことはできませんでした。

大きなストロークから柔らかい唇がペニスの表面を往復すると、腰の奥が甘美な鈍痛感に包まれました。

「あ、そ、そんなに激しくしたら……イクっ、イッちゃいます」

我慢の限界を訴えた瞬間、彼女は顔のピストンを止めてペニスを口から抜き取り、甘く睨《にら》みつけました。

「だめよ、こんなんでイッちゃ。私は、まだ全然楽しんでないんだから」

「で、でも……あ」

「今度は、何？」

「なんて、お呼びしたらいいんですか？」

「ナツミよ」

「ナ、ナツミさん……ぼく、あまり経験がないんで、どこまでこらえられるか自信がないです」

「やぁン、ますますかわいいわ。こっちに来て」

ナツミさんは掛け布団をめくり上げ、バスタオルの結び目をほどくや、私をベッドに押し倒し、唇に吸いついてきたんです。

「む、むふっ」

体の前面に合わさる柔肌の、なんと心地いい感触だったか。

まさにマシュマロのような弾力に酔いしれた私は、無我夢中で豊満な肉体をなでさすりました。そして股のつけ根に手を伸ばし、肉のビラビラをいじり回したんです。

陰唇とクリトリスは早くも肥大し、合わせ目がしっぽりぬかるんでいました。

上下に指をすべらせるだけで愛液が次々と溢れ、指先があっという間にぬるぬるになりました。

「ンふぅっ……あぁ、気持ちいいわぁ……悪い子ね」

そう言いながら、ナツミさんはペニスをシュッシュッとしごいてくるのですからたまりません。

「あぁ、ああっ」

「ン、何？　どうしたの？」

「も、もう我慢できないです」

「我慢できないから、なんなの？」

「ナツミさんのも……見たいです」

「何を見たいの？」

「お……おマ○コを見たいです」

「まあ、いやらしい！」

キッとした容貌がまた愛くるしく、油断をしたら、ほんとうに射精してしまうほどの昂奮状態にありました。

あのまま結合したら、おそらく三分と保たなかったのではないかと思います。

インターバルを空ける意味で、あそこを見たいと懇願《こんがん》したのですが、彼女は何を思ったのか、体を反転させ、シックスナインの体勢から花園を全開させました。

「あ、あああっ」

まろやかなヒップの迫力に驚嘆《きょうたん》したのも束の間、ぱっくり開いた陰唇と小指の爪大ほどにふくらんだクリトリスが目に飛び込みました。

狭間《はざま》から真っ赤な内粘膜が飛び上がらんばかりに盛り上がっており、とろっとした愛液がいまにも滴り落ちてきそうでした。

甘ずっぱさに混じり、クリームチーズのにおいが鼻を突いた瞬間、私は条件反射とばかりに局部にかぶりつきました。

「ひぃっ」

ナツミさんの嬌声を遠くで聞きつつ、私は脇目も振らずに舌を跳ね躍らせました。彼女も負けじとペニスを激しく吸い立て、指先で睾丸を優しくもみ込みました。

数時間前まで赤の他人だったタクシー運転手と乗客が、互いの恥部を獣のように舐め合っているとは……。

不思議な感覚に包まれる一方、快感がとめどなく上昇していき、牡の証《あかし》が出口を求めて暴れ回りました。

「……あぁ」

太腿の筋肉が痙攣を開始するころ、クリトリスを口から吐き出して喘ぐと、ナツミさんは大きなお尻を前方に進め、ペニスを垂直に起こして割れ目にあてがいました。

「もう我慢できないわ！」

あっと思った瞬間にはカリ首が膣口をくぐり抜け、奥に向かってズブズブと突き進んでいました。

「あ、はぁあぁぁぁっ！」

悲鳴に近い声が二人の口から洩れたとたん、ペニスは根元まで埋め込まれ、グニョグニョの温かい媚粘膜が胴体をしっぽり包み込みました。

筋肉ばかりか骨までとろけそうな快感は、いまだに忘れられません。

「ああ、いい、気持ちいいわぁ」

ナツミさんは泣きそうな声で告げたあと、巨大なヒップをゆっさゆっさと揺すり、上下のピストンで男の分身を責め立てました。

まさに息が詰まるほどの迫力で、熟女の激しい情交には感動さえ覚えました。

「突いて！　あなたも突いて！」

「む、無理です……もうイッちゃいます」

「いいわ！　何度でも勃《た》たせてあげるから！」

「ああっ！　そんなエッチなこと言ったら、よけいに我慢できないです！」

ナツミさんはこちらの言葉を無視し、腰の打ち振りを速め、ヒップをバツンバツンと打ちおろしてきました。

ぎりぎりまでこらえたものの、ヒップがグラインドしたとたん、自制心が木《こ》っ端《ぱ》微《み》塵《じん》に吹き飛びました。

「イクっ、イクっ、イックぅぅっ！」

こうしてあっけなく膣の中に射精したのですが、彼女はまだ絶頂に達していなかったのか、三回も射精させられ、約束どおりに一滴残らずしぼり取られてしまいました。熟女の魅力に取りつかれたものの、その後、彼女と顔を合わせる機会はぷつりと途切れてしまいました。

ひと月後にアパートへ様子を見にいったのですが、すでに引っ越したあとでした。

ナツミさんの消息を知ったのは、それから一年後だったでしょうか。

紺色のパンツスーツ姿で十歳くらいの男の子を連れ、歩道を歩いている姿を車の中から見かけました。

おそらく、昼間の仕事に就いたのでしょう。

妖艶な雰囲気は鳴りをひそめ、どこにでもいる母親の顔をしていたんです。

彼女の明るい笑顔を目にした瞬間、私は心の中で（がんばれ！）と声をかけていました。

四十路美熟ＯＬが抱いた淡い恋心……還暦警備員の優しい性戯で濡れまくり

西條登美子　ＯＬ・四十六歳

私は都内のとある会社でＯＬをしています。

三年前、十二月のある寒い夜のことでした。その日は夜遅くに仕事を終え、会社のあるビルを出ると、肌を刺すような冷たさが襲ってきました。

そのような寒い日でも、ビルの出入り口には警備員の男性が常に立っています。男性は六十を過ぎるくらいの短い白髪頭で、ほとんど動いている姿を見たことはありません。いつも厳しい顔で通行人を見守っているので、私たちは「仁王《におう》様」などとあだ名をつけて笑いの種にしていました。

ですが、その日はあまりに寒かったのでしょう。よく見れば警備員の男性は、かすかに身震いをしながら、ふだんは見せない辛そうな顔で立っています。

私はそんな彼の姿を見て、さすがに気の毒に感じました。せめて少しでも寒さを和らげてあげられればと思い、近づいて懐《ふところ》からホッカイロを差し出したのです。

「あの、よければこれを使ってください」

すると彼はややとまどいつつも、「ありがとうございます」と頭を下げて受け取ってくれました。

それが縁で、私はたびたび彼に話しかけるようになりました。といっても仕事の邪魔にならないように、「お疲れさまです」と軽く挨拶をするだけですが。

そのたびに、彼もはにかんだ笑顔で会釈を返してくれました。

いつしか私は、彼の笑顔をいやしに感じるようになり、どういう人なのか気になりはじめました。

私は四十歳を過ぎた年齢になってもずっと独身でした。というのも男運が悪く、金銭的にだらしなかったり、浮気ばかりする男に引っかかってしまうのです。

若いころは美人だとチヤホヤされましたが、男に幻滅してからは、いくら口説かれても振り向くことはありませんでした。そのうちに恋愛を諦めて仕事に没頭するようになり、結婚など頭の片隅にもなくなりました。

そんな私が、どういうわけか年配の警備員の男性にひかれていたのです。

きっと寒さに耐えながら警備をする姿が、頼もしく誠実そうな男性に映っていたのでしょう。以前は私もそうだったのに、同僚が彼のことを笑いの種にしている場面を見ると、腹立たしささえ感じるようになりました。

ところがある日を境に、彼の姿をまったく見なくなってしまったのです。

ビルの警備には違う男性が立ち、交代の要員にも入っていないようでした。

とたんに私は彼のことが心配になってきました。もしかして警備の仕事を辞めてしまったのだろうか？　それとも連日の寒空の下の仕事で体を壊し、入院でもしてしまったのだろうか？　と頭に浮かんでくるのは不安なことばかりです。

仕事も手につかないほどあれこれ想像を巡らせているうちに、私は居ても立ってもいられなくなりました。新しく警備についた男性に、彼のことを聞いてみたのです。

「本田《ほんだ》さんのことですか？　だったら別のビルに欠員が出て、そっちに配属されたはずですよ。たしか○○ビルだったと思います」

それを聞いて私はホッとしました。同時にすぐにでも会いたくなり、その日の仕事終わりに、彼が新しく配属されたというビルへ向かいました。

以前と同じ姿でビルの警備をしている彼を見つけると、私は急いで駆け寄りました。

「お久しぶりです。私のことを覚えていますか？」

そう声をかけると、彼は驚いた顔をしていました。

それもそうでしょう。前に警備していたビルで軽く挨拶を交わしていただけの女が、わざわざ会いにきたのですから。

「あの……よろしければ、仕事が終わってからごいっしょしませんか？　二人でお酒でも」

「えっ、いや、えーと……終わるのは夜の十時過ぎになりますけど……」

「かまいません。それまで近くで待ってますから」

自分でも、どうしてここまで積極的になってしまうのか、よくわかりませんでした。ともかく、彼と約束を取りつけることはできました。あとは仕事が終わる時間を待つだけです。

そして夜の十時過ぎ、彼は約束どおりに私服に着がえて来てくれました。ヨレヨレのジャンパーに着古したジーンズという格好で、どことなく緊張しているようにも見えます。

私もまるで初めてのデートのときのような気分で、彼と並んで夜の街を歩きました。向かった先は庶民的な居酒屋です。お酒を注文していざ向かい合っても、どういう会話をすればいいのかわかりません。

わかったのは、下の名前は英一《えいいち》さんで年齢は六十二歳。それと、私と同じ独身だということ。警備の仕事はもう二十年も続けているのだそうです。

しばらくして酔いが回ってくると、ようやく私も決心がつきました。思いきって自分の気持ちを素直に打ち明けたのです。

「あなたの姿を見なくなってから、ずっと気になっていたんです。まだお互いのこともよく知りませんけど、私と……おつきあいしてもらえませんか？」

酔っていても心臓が口から飛び出そうでした。自分から男性に告白したのなんて、これが初めてだったのです。

すると彼の返事はこうでした。

「実は、私もカイロをもらった日から、あなたの心優しさにひかれていました。私みたいな年寄りでよければ、こちらからよろしくお願いします」

彼も照れているのか酔っているのか、顔が真っ赤でした。

お互いに好意を抱いていたことがわかり、すっかり私は有頂天《うちょうてん》になりました。

こうなってしまうと、ためらう必要はありません。せっかく盛り上がった気分に水を差さないために、私からホテルに誘いました。

私はそれなりに男性経験があったので、ラブホテルへ来たことは何度もあります。

しかし彼は、こういう場所に入るのも初めてだったようです。女性を抱いた経験はあったようですが、それもずいぶん昔の話だと打ち明けられました。

いかにも真面目で不器用そうな、想像どおりの男性でした。これまでに出会った男たちとは真逆のタイプなので、かえって好感が持てました。

「先にシャワーを浴びますから、待っていてください」

そう言い残してバスルームへ行き、体をきれいに洗い流しました。

ほんとうはここで入ってきてもらいたかったのですが、さすがにそんなことはありません。私がシャワーを浴び終えるまで、ベッドに腰かけてじっと待っていました。

その表情が警備をするときとそっくりで、思わず笑ってしまいました。

彼もシャワーを浴び終えると、いよいよベッドで向かい合います。

お互いにバスローブ姿で、どちらもやや堅くなってまるで初夜のようでした。

「すみません。こういうのは慣れていないもので」

彼はなかなか先に手を出せず、困った顔をしています。

こうなれば仕方ありません。私から先にバスローブを脱いであげました。

バスローブの下は裸ですから、もう体を隠すものはありません。生まれたままの姿を彼に見てもらいました。

「あっ、いや……参ったなぁ」

すると彼は、裸になった私よりも照れているのです。

「あまりにきれいな体なので、つい見とれてしまって」

そんなお世辞まで言ってもらい、私まで恥ずかしくなってきました。

二十代のころならまだしも、もう四十過ぎの体です。お腹のくびれが消え、お尻も大きくなってしまいました。

細身で自慢のスタイルだったのに、いまではすっかりオバサンの体型です。

それなのに面と向かってほめられて、なんだかうれしいやら照れくさいやら。こんな気分になるのも久しぶりでした。

「そんな……もうお肉がたっぷりついてるし、お尻だってこんなに大きいんですよ」

「すごく魅力的じゃないですか。たまりませんよ」

彼の言葉にすっかり舞い上がってしまった私は、そのまま体を寄せて自分から口づけをしてしまいました。

相手は私よりはるかに年上ですが、私のほうが積極的で経験もずっと豊富です。自分が年上になったつもりで、大胆にリードをしてあげました。

「ンンッ……」

舌を入れて絡ませていると、自然と甘い息が洩れてきます。

彼も私と同じように、たっぷりとキスを楽しんでくれました。時間をかけて唇を吸い合っているうちに、どちらも離れられなくなってしまいました。

ようやく顔を離したのは彼のほうからです。さすがに息苦しくなったようでした。

それでも私はまだ物足りないくらい、彼とのキスに興奮していました。

「英一さんも、裸になってください」

私がそう言うと、彼もすぐにバスローブを脱ぎ捨てました。

そのとき目に入ってきたのが、股間でそそり立っているペニスでした。

がっしりした体つきも立派ですが、それ以上にペニスの力強さに目を奪われました。大きさだけでなく、角度も上向きになっているのです。

思わずまじまじと見つめる私に、彼は恥ずかしそうに頭をかいていました。

「この年でも性欲だけは人並み以上にありまして。今日はいつも以上に硬くなっているんですよ」

六十代といえば性欲の衰えに悩むころなのに、まるで若い人のような逞《たくま》しさです。

ますますうっとりとした私は、ベッドに腰かけている彼のすぐ手前に座りました。床に膝をついて顔を見上げながら、ペニスを両手で捧げ持ちます。

「こんなに硬くて大きいなんて……」

私にとっても久しぶりにさわるペニスでした。シャワーを浴びて石鹸の香りしかしないのが、もったいなく感じてしまいます。手でさわるだけでは我慢できなくなった私は、そのまま顔を埋《うず》めて口に頰張ってあげました。

「ううっ」

いきなり私がペニスを咥えてしまったので、きっと驚いたのでしょう。フェラチオをすることに慣れている私には、まったく抵抗はありません。気持ちよくしてあげるついでに、じっくり味わってみたくなったのです。

唇を締めて舌を動かし、ついでに手で根元をしごいてあげます。これを同時にやってあげると、どんな男の人でも私のテクニックをほめてくれました。

彼にもそうしてもらおうと、私は必死になって手と口を使いつづけました。

「ああ……すごい。こんなに気持ちいいのは初めてだ」

彼のとろけそうな声を聞き、私はますます張り切りました。

特に力を入れたのは舌の動きです。舐めるというよりも、強めにこすりつけて唇を締めつけました。

いろんな動きをしながら、口の奥までいっぱいに呑み込んでいると、唾液もたっぷり溢れてきます。もともと私は量が多いので、ペニスの根元までびしょ濡れになっていました。

チラッと見上げてみると、彼の顔が見たことがないほど恍惚《こうこつ》としています。仕事中の厳しい表情はどこにもありません。

それが私にとっては何よりの励みになりました。こうなればもっと気持ちよくなってもらおうと、これまで一度もやったことがない行為にチャレンジしたのです。

「あっ、待ってください。そこはいいですよ」

私がペニスから口を離し、足を広げてお尻の穴まで舐めようとすると、彼はあわてて止めようとしました。

しかし私はおかまいなしに、お尻の穴を見つけると舌を這わせました。どうせシャワーで洗っているのだからと、不潔には感じませんでした。

彼に悦んでもらおうとサービスのつもりでしたが、私がとんでもなく淫らな女に見えていたかもしれません。

もっとも、いまさらそんなことは隠しようがありません。どう思われようと、私のテクニックでとりこにしてしまうつもりでした。

「お望みなら、いろんなところを舐めてあげますから。遠慮せず言ってください」

「でしたら、やっぱりこっちのほうが……」

彼の返事は、お尻の穴よりもフェラチオのほうがいいとのことです。

それならばと、あらためて私はペニスを咥えてあげました。さんざん舌を動かしたせいで少し疲れましたが、

「もう勘弁してください。そろそろ我慢の限界が来そうで……」

私が必死に唇を上下させていたところで、彼が弱音を吐きました。

隅々まで舐め尽くしたペニスは、すっかり私の唾液まみれになっています。口に含む前よりも、さらに上向きにそそり立っているように見えました。

今度は私がベッドで体を入れ替えて、横向きの姿勢になりました。

平気でペニスをおしゃぶりできる私とは違い、彼は奥手で女性の扱いにも慣れていません。なので手を出しやすいように、私から体を差し出してあげたのです。

「どうぞ。私の体も自由にしてください」

そう言ってあげると、彼は横たわった私の裸をしげしげと眺めていました。

上から下まで舐めるように観察され、さすがに恥ずかしさを感じました。

お腹の肉を少しでも減らしておけばよかったと、そう悔やんでいると、彼の手がそっと胸を包み込みました。

見た目からは想像できないような、やわらかくなでるようなソフトなタッチです。

私があれほど激しく口でしてあげたのに、まだ遠慮があるのかもしれません。ただ、女性を乱暴に扱うタイプではなさそうなのには安心しました。

彼はゆっくりと手で円を描きながら、しばらくマッサージのような手つきで胸を揉んでいました。

それが心地よくなってくると、指先で乳首を軽くこすられました。

「あっ……」

わずかな乳首からの刺激だけで、私は小さく喘いでしまいました。

一度声を出してしまうと、どんどん体が敏感になってきます。体の奥もウズウズしてきました。

いつの間にか私の乳首まで、恥ずかしいくらい硬くなっていました。

「あっ、ああ……気持ち、いいです」

今度は口に含まれて舌で転がされます。

ちゅうちゅうと乳首を吸われると、じっとしていられなくなりました。早く下のほうもさわってほしくて、わざと下半身を体にこすりつけてアピールします。

すると私の動きに気づいたのか、手といっしょに顔も下半身に迫ってきました。

すでに下着も脱いでいた私は、自分から足を開き、思いきりあそこを彼に見せつけました。

彼の視線を感じると、あそこがますます熱くなってきます。ちょっと毛深くてきれいな形ではないかもしれませんが、それでも熱心に眺めてくれました。

「お願いします。早く……」

我慢できずにおねだりをすると、彼の指がぬぷりとあそこに入ってきました。

その感触で、たっぷり濡れているのが自分でもわかりました。ゆっくりと指が奥まで入ってくるまでに、じわじわと快感が体に広がっていきます。

「ああんっ、そこ……」

彼の指先はあそこの深い部分に届いています。その場所で指先をクイクイと動かされると、甘い声が出てしまいました。

「すごく濡れていますよ。ほら、わかりますか?」

と彼もいやらしくささやきながら、手を前後に動かしはじめました。

ぬるぬると何度も指を出し入れされるうちに、私はベッドで腰を浮かせていました。

もう何年もセックスをしていない体です。ずっと仕事漬けで欲求不満であることも忘れていましたが、久々に快感を呼び起こされました。

「あっ、いいっ！　もっと……もっと激しく！」

私がそう言うと、彼も指をさらに強く突き立ててくれました。

途中からは私にお尻を突き出させ、四つん這いの格好にさせられました。犬のようなポーズのまま、指と舌を使ってあそこを責め立ててくるのです。

「ああ、たまらない。すごいお尻だ」

男性にとっては、脂肪のたっぷりついたお尻も魅力的なのでしょうか。彼はしきりにお尻を撫でたり舐めたりしています。

そればかりか、私がしてあげたようにお尻の穴にも舌を這わせてきました。

いざ自分がやられると、きちんと洗ってはいても恥ずかしく感じました。だからといっていやなわけではなく、くすぐったいながらも気持ちよくて変な気分です。

「いやっ、ああ……もう、おかしくなりそう」

すでに私の体は疼きっぱなしで、早くペニスが欲しくてたまりませんでした。

しかし彼は、まだ私のお尻を舐めるのに夢中になっています。あそこもたっぷり濡れているのに、なかなか気づいてくれません。

じれったくなった私は、欲しがっているのをわかってもらうために、お尻をくねらせてアピールしました。

ようやく彼も、私が我慢できなくなっていることに気づいたようです。体を私の正面に移すと、かしこまった顔でこう聞いてきました。

「そろそろ、入れてもいいですか?」

もちろん返事は「はい」です。

ですが一つだけ、彼にお願いしたいことがありました。それはコンドームは使わずに避妊してほしいということです。

私はどうにもコンドームの感触が苦手で、抱かれていてもあまり気持ちよくないのです。やはり生のペニスがいちばんだと思い、セックスの相手には必ず外出しをお願いしてきました。

「生で入れてもいいですから、中には出さないでください。あとはどこでもお好きなところに出してもらってかまいませんから」

「いいんですか? このまま入れても」

彼もコンドームを使わずに挿入できるとは思っていなかったのでしょう。一瞬、うれしそうだったのを見逃しませんでした。

私はあおむけで横になり、正常位で彼を受け入れる姿勢になりました。

私が我慢できなかったように、彼もフェラチオをされてからずっと待たされていたはずです。私が準備をととのえるとすぐに、息を荒くして迫ってきました。

「よし、いきますよ」

そうひと声かけてから、彼はペニスの先をあそこに押し当ててきました。

期待をしながら目を閉じていると、硬いものが勢いをつけて、一気に奥まで入ってきました。

「はぁんっ、ああっ……！」

あまりに強烈な刺激だったので、大きな声が出てしまいました。

もう何度も男の人に抱かれた経験はあるのに、久しぶりだったからでしょうか、最初の一突きだけで、頭が真っ白になってしまったのです。

奥まで入ってきたペニスは、グリグリと私の弱いところをえぐってきます。

「ああっ、すごいっ！　そんなところまで……」

見上げると、すぐ近くまで彼の顔が迫ってきていました。

そのまま口づけを交わすと、お互い息を喘がせながら見つめ合います。

「私、こんなの初めてです。ああっ、あっ、来てるっ……奥まで」

「まだまだ、これからですよ」

彼はそう言うと、興奮した顔で腰を動かしはじめました。

一突きごとに、快感が波のように押し寄せてきます。私は彼の腰を受け止めながら、ベッドの上で喘ぐだけでした。

「はぁんっ、いいっ！　もっと、ああ……」

もう自分でも溢れ出る声を抑えようがありません。セックスがこんなにいいものだったなんて、すっかり忘れてしまっていました。

きっとそれは、私が欲求不満だったからではなく、彼の動きがすごかったからです。最初の緊張してオドオドしていた姿は、もうどこにもありません。私の体を上から抱きかかえながら、力強く腰を打ちつけてくるのです。

いつしか私は彼の動きに合わせて、自分からも腰を波打たせていました。お互いの息がぴったり合ってくると、自然と手をつないで指を絡め合いました。

これが今日初めて肌を合わせた人だとは思えません。まるで長年のパートナーのような相性のよさです。

「ああ、気持ちいい……最高ですよ」

彼も私の体に満足しているのが伝わってきました。

こんなオバサンになってしまった私を、これほど愛してくれるのは彼だけです。もう私にはこの人しかいないと、このとき思ってしまいました。

「んっ、抜かなくてもいいです……このまま最後まで出してください」

思わず喘ぎながら彼に向かって、こう口走ってしまいました。

すると彼も動きを止め、驚いた顔で聞き返してきます。

「ほんとうに、いいんですか？　中に出してしまっても」

「はい……だいじょうぶですから、いっぱい私の中に……ああんっ！」

言い終わらないうちに、彼は腰の動きを再開していました。

どうやら私の言葉で、ますます興奮させてしまったようです。ただでさえ激しかったのに、さらに力を込めてグイグイと腰を押しつけてきました。

「ひっ、ああっ！　もう……ダメッ！　お願い、このまま出してっ！」

激しく暴れ回るペニスにつられ、私も理性が飛んでしまいそうでした。

彼の腰使いはとても六十代とは思えません。休みなく動きつづけているのに、疲れた顔も見せないのです。

どんどん私が追い詰められているうちに、彼も限界が来たようでした。

「イキますよ！　いいですね、たっぷり出しますからね……」

彼の言葉に背筋がゾクゾクッとしました。私は下からギュッと足を絡め、離れらないようにしました。

腰の動きが止まると、あそこの奥でペニスが跳ねているのがわかります。ビクン、ビクンと何度か脈打ちしてから、じんわりと生温かいものが広がってきました。自分で言っていたように、たくさんの量が出ているようです。

「ああ……すいません。つい年も考えずに張り切ってしまって」

彼はあまりに激しいセックスで、私が体に負担を感じていないか気になっているようでした。

もちろんそんなことはありません。負担どころか身も心も満たされて、スッキリしていたのです。

セックスが終わると、彼は元の照れくさそうな顔に戻っていました。

私を満足させてくれたのだから、もっと男らしくふるまってもいいと思うのですが、根っから人がよいのでしょう。こういうところが好きになってしまったのです。

こうして結ばれた私たちは、その日から交際を開始しました。

そして三年が過ぎた先日、とうとう結婚をすることにしたのです。

周囲の人たちも私の両親も、いまさら私が結婚をするとは誰も思っていなかったでしょう。

それ以上に驚かれるのが、彼の年齢と私たちの年の差です。私は四十六歳で彼は六十五歳。しかもお互い初婚となれば、物珍しく思われてしまうのも仕方ありません。なかには好奇の目で見てくる人もいますが、他人の目など気になりません。いまの私たちは、とても幸せです。

お正月に出会った妖艶バツイチ熟女！初詣のあとに互いの性器を貪りあって

新垣浩志　会社員・三十二歳

去年引っ越したアパートは、部長の家のすぐ近所だったんです。部長にはほんとうにお世話になっていたので、迷惑かもしれないと思いながらも正月に年始の挨拶に行ってみることにしました。

インターフォンを押して、部長の部下としてお世話になっている新垣《あらがき》ですと挨拶をすると、すぐにドアが開き、妖艶な美熟女が顔を出しました。

「あら、よくいらしてくださいました。よかったら、酔っ払いの相手をしていってあげてくださいな」

そう言って、私を家に招き入れてくれたんです。居間では部長がこたつに脚を突っ込んで、おせち料理を肴《さかな》にお酒を飲んでいて、もうかなり出来上がった状態でした。

「部長、明けましておめでとうございます」

「おう、新垣君、おめでとう。よく来たね。まあ飲みなさい」

そう言って、私にお屠蘇《とそ》をついでくれました。縁起物だからと思ってもちろんいただきましたが、酒好きの部長相手にそれだけで終わるわけがありません。

「おい、沙里《さり》。新垣君のために、とっておきの獺祭《だっさい》を開けよう。持ってきてくれ」

そう美熟女に声をかけるんです。

「もう、調子がいいんだから、兄さんは」

「兄さん？　じゃあ、奥様ではないんですか？」

思わず私がそうたずねると、沙里さんは笑いながら言うんです。

「いやだわ、私は妹よ。お義姉《ねえ》さんはデパートの初売りに行っちゃてるの。それにしても奥さんだと思われるなんて心外だわ。こんな酒飲みとなんか結婚しないわよ」

「で、下戸《げこ》の男と結婚したけど離婚して、いまはさびしい独り身のくせに。沙里は正月を一人さびしく過ごすのがいやで、実家に帰省してきてるんだよ。そうだ、新垣君、君の叔父さんとかで独り身の人とかいたら紹介してやってくれよ」

「やめてよ、兄さん。間に合ってますから。これでも引く手あまたなんだから」

ケンカしているのか仲がいいのか、二人が言い合いをするのを、私はただあいまいな笑みを浮かべながら見ているることしかできませんでした。

そのあと、三人でおせち料理をいただきながら獺祭を飲むことになりました。めったに飲むことができない高級なお酒に、私はほどよく酔っ払っていきました。

沙里さんは部長の妹さんだけあって、お酒が強いんです。クイクイ飲んで、ケラケラ笑って、すごく楽しいお酒です。

飲みながら聞いた内容によると、沙里さんは東京の広告代理店で働いているとのことでした。そう言われると、都会的な美人な沙里さんにはぴったりな仕事だと思えるんです。

ただ、広告代理店という仕事は、やはりかなり忙しいらしく、時間も不規則なために、旦那さんとすれ違いが続き、夫婦仲が冷えていったようです。

そして旦那さんがある日、深夜に仕事から帰宅した沙里さんにこう言ったそうです。

「奥さんが家で待っていて、帰るとすぐに温かい料理が出てくるような、そんなごく普通の家庭を作りたい。君がそれを望まないなら、俺一人でやり直したいと思うんだ」

その旦那さんの希望を聞いて、昨年末に十年間に及ぶ結婚生活に終止符を打ったということでした。

「だけど、仕事が好きなんだもん。しょうがないわよね……」

沙里さんの赤裸々な告白に、部長も少し困ったように黙り込んでしまいました。

ちょっと話しすぎたと思ったのでしょうか、沙里さんはいきなり立ち上がりました。

「元日からこんなに飲んだくれてちゃダメだわ。私、初詣《はつもうで》に行ってくる。そうだ！新垣君もいっしょに行きましょうよ」

「でも部長が……」

「ああ、ぼくのことならいいよ。飲みすぎたから、ちょっと横になるよ」

そう言うと、部長はこたつに入ったまま横になって、すぐにイビキをかきはじめてしまいました。

「ね、いいでしょ？　つきあってよ」

そう言って沙里さんは私の腕をつかんで引っぱるんです。沙里さんにさわられたことで、私は顔がカーッと熱くなってしまいました。きっと赤くなっていたことでしょうが、私はとっさに日本酒のせいにしました。

「ああ、かなり酔っちゃったな。体がほてってるから、外の冷たい風に当たるのもいいかもしれませんね。初詣、ぼくもまだなんでお供しますよ」

そして私たちは冷たい風が吹く中、二人で近所の神社に初詣に行き、お賽銭《さいせん》を入れて願い事をしました。

「新垣君は何を願ったの？」

沙里さんにたずねられても、私は「いや、それは……今年も一年、健康でいられますようにとか、いろいろ……」とごまかしました。

「私は、いい男と出会えますようにってお願いしたの……あら、ここにいい男がいるじゃない」

そう言って、沙里さんはいきなり私に抱きつきました。

「ちょっと沙里さん、酔っ払っちゃったんですか？　みんなが驚いてますよ」

初詣客たちを目で示しながら迷惑そうに言ったものの、私もほんとうは「沙里さんと親しくなれますように」とお願いしたのでした。

引っ越したばかりだったので、その神社にお参りするのは初めてでしたが、そこにいるのはかなり霊験《れいげん》あらたかな神様のようでした。

「そうよ。酔っ払っちゃったの。もう歩くの無理。新垣君の部屋、この近くなんでしょ？　ちょっと休ませて」

「ええ、まあ、いいですけど……」

私は仕方ないなあといったふうな態度をとっていましたが、実際はペニスがもう痛いほどに勃起していて、ふつうに歩くのも苦労するぐらいでした。

そんな私の肉体の変化に気がついているのかいないのか、沙里さんは私の腕にしがみつき、ずっと胸のふくらみを押しつけてくるんです。

アパートに着くころには、もう私は、鼻息が荒くなってしまい、自分が興奮していることを隠せなくなっていました。でももうかまわない。このまま沙里さんにキスをしてしまおうと決意しました。

でも、部屋に着いてドアを閉めた瞬間、沙里さんのほうからキスをしてきたんです。私は驚いてしまい、思わず目を見開きました。すると私たちは唇を重ねたまま、すぐ近くからじっと見つめ合うかたちになりました。

「驚かせちゃって、ごめんなさいね……こんなオバサンが相手じゃいやよね？」

唇を離すと、沙里さんが柄にもなく、さびしそうに言いました。私が驚いていた様子を見て、いやがっていると感じたみたいなんです。だから私はあわてて否定しました。

「いやじゃないです！　それどころか、ぼくも沙里さんにキスしようと思ってたんです。先を越されて悔しいから、もう一回、お願いします。今度はぼくから」

私は沙里さんを抱き締めて唇を重ねました。今度は沙里さんが驚いて目を見開く番です。かまわず私は沙里さんの口の中に舌をねじ込み、沙里さんの舌に絡めるように舐め回しました。

すると沙里さんの目がうっとりと閉じていき、向こうからも舌を絡め返してきたんです。しかもそれはかなり情熱的なディープキスです。二枚の舌がぴちゃぴちゃと鳴り、荒くなった沙里さんの鼻息が私の頬をくすぐるんです。

私も負けじと沙里さんの口の中を舐め回しながら、彼女の胸にそっとさわりました。沙里さんは体にフィットしたセーターを着ていたのですが、その大きな乳房がずっと気になっていたんです。

セーターの上からでも、その柔らかさと弾力がはっきりと感じられました。私は夢中になってもみつづけました。すると、沙里さんが唇を離して言うんです。

「服の上からだけでいいの？　直接さわってもいいのよ」

そして、自らセーターをたくし上げてくれました。すぐにピンク色のブラジャーが露《あらわ》になり、それさえも背中のホックをはずして、乳房を剝き出しにしてくれたんです。

「ああ、すごい……沙里さんのオッパイ、すごくきれいです」

ぽろんとこぼれ出た乳房は、かなりのボリュームです。しかも肌が白くて肌理《きめ》が細かくて、まるでお餅のような質感なんです。そう言えば今年の正月はまだお餅を食べてなかったなと思いながら、気づくと私は沙里さんの乳房に食らいついていました。

「ああああん、くすぐったいわ」

乳房を舐め回す私の頭をそっと抱きかかえて、沙里さんは切なげな声で言いました。

その声の響きには母性がたっぷりと含まれているんです。それまで年上の女性とつきあったことはありませんでしたが、なんとも言えない心地よさです。

「新垣君はオッパイが大好きなのね。私も新垣君の体に興味があるの。ねえ、見てもいいかしら？」

執拗《しつよう》に左右のオッパイをもんだり舐めたり吸ったりしていると、沙里さんがそんなことを言うんです。

「ぼくの体……ですか？」

「そうよ。ほら、もう大きくふくらんじゃってるじゃないの」

沙里さんの視線が私の股間に向けられています。そこは確かに、ファスナーが壊れてしまいそうなぐらい、内側から力強く押し上げられているのでした。

もちろん私は断ったりはしません。

「いいですよ。いっぱい見てください」

私は腰のベルトをはずしました。すると沙里さんがその場にしゃがみ込み、ファスナーをおろしてくれました。男は女性の服を脱がす瞬間がいちばん興奮するものですが、女性も同じ心理かもしれないと思った私は、両手を体の後ろに回して、沙里さんのしたいようにさせてあげました。

「はぁぁぁん……なんだか、すごいことになってない？」

私のボクサーパンツは、勃起したペニスの形に伸びきっていたんです。

「……すみません」

「いいのよ。逆にうれしいわ。どうなってるのか確認させてね」

思わず謝ってしまった私にそう言うと、沙里さんはボクサーパンツのウエスト部分をつかみ、ゆっくりと引っぱりおろしていきました。だけどすでにビンビンに勃起してしまっていた私のペニスの先端が、どうしても引っかかってしまうんです。

それでも沙里さんが無理やり引っぱりおろすと、勢いよくペニスが飛び出して、下腹に当たってパーンと派手な音が響いてしまいました。

「す……すごいじゃないの。やっぱり若い男の人は元気ね」

沙里さんはしみじみと言うと、ペニスにそっと手を伸ばしてきて、ギュッと握りしめました。

「はうっ……」

思わず私の口から変な声が出てしまいました。沙里さんの手は冷たくて、熱くなったペニスにはすごく気持ちいいんです。

「ああぁ、すごいわ、すごく硬いわ。それにすごく熱くて……はああ、すごいわ」

沙里さんは「すごい、すごい」と繰り返しながら、ペニスをつかんだ手を上下に動かしつづけました。

「ううっ……沙里さん、そのしごき方、ううう……気持ちいいです」

「そう？　よろこんでくれてうれしいわ。ねえ、お口でしてほしい？」

ペニスをつかんだまま、沙里さんは上目づかいに私を見つめるんです。

「は……はい……もちろんです。してください。口で気持ちよくしてください」

「うふっ……いいわ。お口でしてあげる」

にっこり笑うと沙里さんはペニスに顔を近づけてきて、根元から先端にかけて裏筋をツーッと舐めました。その舌先がカリクビのところに到着すると、猛烈に気持ちよくてペニスがひとりでにビクンと動いてしまうんです。

それがおもしろかったのか、沙里さんはカリクビのあたりを舌先でくすぐるようにチロチロと舐めつづけました。

「ううっ……沙里さん……そ、それ、気持ちいいです……あううう……」

私は沙里さんの邪魔をしないように両手を体の後ろに回して、股間を突き出しつづけました。

すると、沙里さんはペニスを手前に引き倒し、パクッと口に含んでしまいました。

「おっううう……ああぁ、沙里さん……ううう……」

沙里さんの口の中は温かくてヌルヌルしていて、すごく気持ちいいんです。しかも口腔粘膜でねっとりと締めつけるようにしながら、首を前後に動かすのでした。

美しい熟女が自分の前に跪《ひざまず》き、おいしそうにペニスをしゃぶってくれている……。

その光景は肉体に受ける快感を何倍にも強烈にしてしまうんです。

「ああ、ダメです！　沙里さん……ううっ……気持ちよすぎて、もう……あああっ、やめてください……あああっ……も……もうっ……」

射精の予感が込み上げてきて、私はあわてて腰を引きました。沙里さんの口から抜け出たペニスは勢いよく頭を跳ね上げ、唾液をまき散らしました。

「どうしてやめさせるの？」

沙里さんが不満げにたずねました。ほんとうならこのまま口の中に射精してしまいたかったのですが、記念すべき今年の姫初め、しかも沙里さんという美熟女相手なんですから、どうせなら初射精はオマ○コの中にしたかったのでした。

でも、正直に言った場合の沙里さんの反応が怖くて、私はごまかすように言いました。

「せっかくだから、ベッドに行きましょうよ」

私たちはまだ玄関にいて、靴も脱いでいなかったんです。そのことに沙里さんも気づき、苦笑を浮かべました。

「夢中になっちゃって……恥ずかしいわ」

「ぼくもいま気づいたところです。さあ、ベッドへ行きましょう。ストーブもつけますし」

暖房も入っていませんでしたが、寒さはあまり気になりませんでした。それぐらい私は興奮していたんです。

二人で部屋の奥に行くと、私は沙里さんを抱き締めてキスをし、そのままベッドに倒れ込みました。

「今度はぼくが、沙里さんを気持ちよくしてあげる番です」

私は沙里さんの服を脱がしていきました。最初は沙里さんも協力してくれていたのですが、最後の一枚、パンティを脱がそうとすると、不意に抵抗しはじめました。

「あっ、ダメッ! 部屋を暗くして。こんな明るい場所で見られるのは恥ずかしいわ」

昼間なので、窓から日差しが差し込んできているんです。確かに恥ずかしいだろうとは思いますが、私は沙里さんのオマ◯コを明るい光の下で見たくてたまりません。

「ぼくだって恥ずかしいのにペニス見せたんですから、沙里さんも見せてくださいよ」

ほんとうは全然恥ずかしくなんかありませんでした。それどころか力強くそそり立っているペニスを見せることで興奮していたんです。だけど私の言葉を聞いた沙里さんは、少し考え込むように目を閉じてからぽつりと言いました。

「わかったわ……見せてあげる。でも二十歳の女の子のみたいにきれいじゃないから、がっかりしないでね」

「がっかりなんかするわけないですよ。じゃあ、脱がしますよ」

私はあおむけに寝転んだ沙里さんのパンティをつかんで引っぱりおろしました。沙里さんはもう抵抗はしません。それどころかお尻を浮かせて協力してくれました。

少し大きめのお尻の下をするんとパンティがすべり抜け、それを両足首から引き抜くと、私はもうそんなものに用はないとばかりに床の上に放り投げ、沙里さんの両膝裏に手を添えて、グイッと押しつけました。

「ああんっ、いや……こ……この格好は恥ずかしすぎるわ。あああん……」

M字開脚ポーズにされた沙里さんはそんなことを言うのですが、一度見せると約束した手前からかオマ○コは隠そうとはせず、代わりに両手で顔を隠してしまいました。

沙里さんに見られてないと思うと、逆に心ゆくまで見ることができます。私は息がかかりそうなぐらい近くから、じっくりと沙里さんのオマ○コを観察しました。

沙里さんが言っていたのとは違い、そこはまるで少女のもののようにきれいなんです。陰毛も薄くて、小陰唇は淡いピンク色です。すでにかなり興奮していたのか愛液にまみれ、キラキラ光っている様子もたまらなくおいしそうなんです。

私は思わず舌を伸ばして割れ目をぺろりぺろりと舐めはじめました。すると濃厚な味が口の中に広がるんです。

「あああん、いやぁ……はあああん……そんなところを……あああん……」

沙里さんは切なげな声を洩らしながら、気持ちよさそうに体をくねらせます。

それならもっと気持ちよくしてあげたいという気分になり、私は舌愛撫を徐々にクリトリスへ集中させていきました。

そして、すでに勃起していたクリトリスの上に、ヌルンヌルンと舌をすべらせました。

「ああっ……いやっ……はああんっ……」

クリ舐めの快感はかなりのものらしく、沙里さんの体がビクンビクンと跳ねるんです。

「ダメですよ、じっとしてないと舐められないじゃないですか。ほら、これで動けなくしてあげますよ」

私は指を膣の中に突き刺しました。それはピン留めのようなものです。

「あっはあああん……」

すでに敏感になっていた沙里さんの膣壁が、私の指をきゅーっときつく締めつけます。指でピン留めしたまま、私はクリトリスを口に含み、舌先でくすぐるように舐めてあげました。

「あああっ……だ、ダメ……あああんっ……気持ちよすぎるわ。あああん！　イク……イクイクイク……あっはあああん！」

膣壁が私の指を引きちぎらんばかりに強く締めつけ、次の瞬間、沙里さんはぐったりと脱力しました。

「イッたんですか？」

私が口元を唾液と愛液まみれにしながらたずねると、沙里さんはハアハアと荒い吐息を洩らしながら、うるんだ瞳を向けてきました。

「そうよ……イッちゃったの。気持ちよかったけど、よけいに奥のほうがもどかしい感じになってきちゃったわ」

そして、視線を私の股間へと移動させ、ゴクンと喉を鳴らしました。その視線の先には、私のペニスがそそり立っていたんです。それは口内発射を我慢したために、もうはち切れそうなほど力をみなぎらせていました。

「いいですよ。今度はこれで、たっぷり気持ちよくしてあげますよ」

私は右手でしっかりとペニスをつかんで、大きく股を開いている沙里さんにおおい被さっていきました。そして、ぬかるみにペニスの先端を押しつけると、ぬるりといきなり根元まですべり込んでしまいました。

「あああん、すごく奥まで届くぅ……はあああん……」

簡単にすべり込んでしまいましたが、けっして緩いわけじゃないんです。私のペニスをすべて受け入れてしまうと、今度は温かな膣粘膜がねっとりと締めつけてくるんです。それは名器と言ってもいいぐらいの気持ちよさでした。

「ううう……沙里さんのオマ〇コが吸いついてきますよ。ああうう」

「あああん、新垣君のペニス……奥まで当たって、すごく気持ちいいわ。かき回してぇ。奥のほうをかき回してぇ……」

もちろん私は沙里さんの願いどおり、亀頭でグリグリと子宮口を刺激してあげました。

「ああっ、すごい……あああんっ……気持ちいい、ああああんんん……」

クンニでイッたばかりの女体はかなり敏感になっていたらしく、沙里さんは喘ぎながら体をのたうたせるんです。

「沙里さん……ううう……最高です！　あああ、正月早々、こんなすごいセックスができるなんて……ううう……」

私は沙里さんの豊満な乳房を両手でもみ、左右の乳首を交互にしゃぶりながら、子宮口をグリグリと刺激する円運動に抜き差しするピストン運動を加えました。そうすることで膣の中をまんべんなく刺激できるんです。

さすがにそれはかなり強烈な快感だったらしく、沙里さんの喘ぎ声が絶叫に変わっていきました。

「ああ、ダメ！　うううっ……それ、気持ちよすぎるぅ！　あああん、もう……もうイク……イッちゃううう！　はっあああん！」

沙里さんがベッドの上で体をのけぞらせ、同時に膣肉がきゅーっと私のペニスをきつく締めつけました。その狭くなった膣道にさらに数回ペニスを抜き差しすると、私も限界に達してしまいました。

「ああ、ダメだ！　沙里さん……もう……もうぼく、イキそうです！」

「いいわ、来て……中にいっぱい出してぇ！」

絶頂に達して朦朧《もうろう》とした様子ながらも、沙里さんははっきりとそう言いました。私はもう自分を止めることはできませんでした。

「あああ、もう限界です！　はっううう！」

根元までペニスを挿入すると、私は腰の動きを止めました。そして、沙里さんの膣奥目がけて大量の精液を放ったのでした。

むさぼるようなセックスを終えると、沙里さんは私に腕枕されながら言いました。

「今日はありがとう。新垣君が私の体であんなによろこんでくれて自信がついたわ。私はまだ男性をよろこばせられるんだって」

沙里さんは、やはり離婚の傷をまだ引きずっていたようなのです。

「また会いたいです。また会って、いっぱいエッチしたいです」

「そうね……そのときはまた、いっぱいいっぱい気持ちよくしてね」

そう言葉を交わしたのですが、沙里さんは仕事の都合で翌日には東京に戻ってしまい、私たちはそのまま離ればなれになりました。しばらくはメールのやりとりなどをしていましたが、遠くて気軽に会いにいくことはできません。

徐々にメールの数が減っていき、数カ月ぶりに沙里さんから届いたメールには、『再婚しました』と書かれていました。すぐに『おめでとうございます』と返事を送りましたが、それっきりメールのやりとりは途絶えてしまいました。

だけど、私のあの日のセックスで、沙里さんがもう一度恋愛をする自信を取り戻したのだとしたら、私はうれしく思うのです。少しだけ、さびしさもありますが……。

雪が降る寒い夜に遭遇したワケアリ女
男の温もりを欲して熟成牝穴ご奉仕!

黒崎浩二　作業員・四十四歳

私は学校を出てからほとんど定職にも就かず、日雇い仕事と酒と競馬を繰り返す自堕落な暮らしをしていたら、気づけば家庭も持たないまま四十過ぎのおっさんになっていました。人に自慢できる人生ではありませんが、まあこれはこれで気楽で悪いものではありません。

それはしんしんと雪の降る、クソ寒い冬の夜でした。

私は珍しく競馬で超大穴を当て、懐には分厚い札束をねじ込んで、行きつけの居酒屋で祝杯を挙げていました。顔見知りにはかたっぱしから酒を奢《おご》ってやり、ちょっとした殿様気分でした。

そのうち夜も更けて、顔なじみもみんな帰ってしまい、店の中はひっそりしてきました。

私はそのとき、カウンターの片隅にぽつんと座っている女性に気づきました。このへんでは見ない顔でした。年は私と変わらない。連れもなく、さっきから、安いコップ酒一杯だけ前に置いて、もう何時間も黙って座っていました。痩《や》せて、やつれた女性でした。服装も季節はずれで、どう見てもワケありの女性です。

私は女性に声をかけました。ほんの退屈しのぎのつもりでした。

「あんた、腹へってねえか?」

女性が恥ずかしそうにうなずいたので、私は皿いっぱいのおでんを頼んでやりました。女性は湯気の立つおでんを夢中で食べはじめました。

女性は、名前を佳代《かよ》といいました。もう二日ほどろくに食べていないといいます。内縁の旦那の暴力に耐えかねて、家を飛び出したものの手持ちの金もなく、こんな場末の居酒屋に流れ着いたという話でした。

「あんた、今夜寝る場所あんのか?」

佳代はかぶりを振りました。私は佳代を、歩いてすぐのアパートに連れていきました。私も佳代も大人です。その先のことは、くどくど言う必要はありませんでした。

風呂から上がった佳代は、濡れ髪も色っぽくて、こうして見るとなかなかいい女です。痩せてるくせに、おっぱいはぷるっと大きくて、ツンととがった乳首が私を誘ってるみたいでした。

私も素人女を抱くのはひさしぶりでした。佳代の裸を見るや、しばらく出番のなかったムスコがたちまち硬くなってしまいました。

「私、こんなお礼しかできないから……」

布団に入ってきた佳代は、ゆっくりと私のモノに唇を寄せてきました。ひんやりとした部屋で、佳代の温かい息が亀頭に心地よかったものです。

佳代のしっとりした唇が、ちゅっ、ちゅっと私の竿にキスしてくれます。

「うう……」

私はあおむけになって、佳代のサービスに身をまかせることにしました。

佳代は舌を伸ばして、私のそこ全体を丹念にねぶりはじめました。

初めは金玉からです。佳代のねばっこいべろが、私のタマ袋全体を舐め上げます。

寒さに冷え切っていた私のタマに、佳代の体温がたまらなく気持ちよかったです。

「ああ、それ、たまんねえ……」

佳代のぺろぺろ責めは、そのうち竿をじっくりと這い上がってきました。

私の竿はもうすっかりビンビンで、痛いくらいに張り詰めていました。佳代はそり返ったその部分を、下から上までべろを巻きつけるみたいにしてくすぐるのです。

「しゃぶってくれ……頼む」

私が頼むと、佳代は従順に、さっきからのガマン汁でネトネトになっている私の先っぽ部分を、そおっと口に含んでくれました。

ああ、最高だ……私は気持ちよさで、犬みたいなうなり声をあげてしまいました。

佳代のおしゃぶりは、たしかにプロみたいなこったテクニックはありませんでしたが、情のこもったていねいさがありました。

ゆっくりと佳代の顔が上下して、ちゅっぱ、ちゅっぱと私のナニを吸ってくれます。しばらくこんな刺激とも無縁だった私には、これだけで溜まっていた種汁が沸騰《ふっとう》してくるのがわかりました。

「うっ、ちょっとタンマ……このままだと出ちまう……」

私が悲鳴をあげても、佳代はおしゃぶりをやめませんでした。それどころか、ますます熱心に、唇と舌を使って刺激のペースを速めてきます。

口だけでなく、指先では玉袋をやさしくなでさすってくれて、それがまた精液をたぎらせるのです。

「ううーっ、出すぞっ……出すぞ!」

「うん……うん……」

しゃぶりながら、佳代はうなずきました。

私はあっけなく、佳代の口の中に果ててしまいました。我ながら濃くて大量のち○ぽ汁が、佳代の口いっぱいにどくどく発射されます。

しばらく忘れかけていた、爽快な射精でした。

佳代はナニを咥えたまま苦しそうにしていましたが、それでも口を離そうとしませんでした。そのまま、ごくんと喉を鳴らして、私が放出したものを飲み込んでしまいました。

「悪かったなあ、口に出したりして」

私が言うと、佳代はけなげな笑顔でかぶりを振りました。

「ううん、いいの。男の人がイッてくれるの、私好きだから。でも、ちょっとびっくりしちゃった。すごいいっぱい出たから。そんなに気持ちよかった？」

「ああ、最高だった」

「そう、よかった」と微笑んで、ティッシュで唇をそっとぬぐっている佳代を、私は背後から抱き寄せました。

佳代は驚いた声をあげました。

「あん、いまイッたばかりなのに、まだするの？」

「今度は、私が気持ちよくしてやるよ」

私は佳代の上にのしかかり、耳もとにささやきました。

「あ……やだ、あんた、元気なのねえ。ああ、いやあん」

佳代のぷるっとしたおっぱいを、私はソフトにもみしだきました。若い娘みたいな張りこそありませんが、熟れた女の豊満な乳房の柔らかさもいい。

見るからにスケベそうな佳代の乳首は、さっきからピンと突き立ったままで、それを指先でそっとつまんでやると、佳代は体全体をくねらせて激しい声をあげました。

「あ……いやよ、そこ、感じちゃうの。いじめちゃ、いや……」

私はじらすように、舌先をゆっくり乳輪に沿って這わせてやりました。さっきのフェラチオでちょっともったいつけられたお返しに、乳頭への刺激はおあずけです。

佳代もだんだんじれったそうに、自分のおっぱいをつかんでおねだりしてきます。

「ああ……ああ……ねえ、意地悪しないで。お願い、こっちも舐めてえ。先っちょも吸ってよお」

「こうか？　これが好きなんか？」

私はさっきからコリコリに硬くなっている乳首の先を、ねとっと舐めてやります。

佳代はビクンッと肩をふるわせて、甘えた声をあげました。

「ううん、そうよっ。もっと、もっとお乳吸ってぇ」

私は佳代のいやらしく大きな乳首を口に含んで、右も、左も、痛いほど吸ってやります。

「あ、はあん、それ、たまんないのっ。すっごく感じるぅ」

私はやがて、舌を下半身へと這わせていきました。

「佳代のここ、見せてくれよ。いいだろ？」

私は佳代の尻を抱き上げ、大きく脚を開かせました。

「え……やだ、恥ずかしい……あんまり見ないで……」

佳代のアソコは、ほとんど毛の処理もしておらず、いかにも素人女のそれでした。少し厚ぼったい大陰唇がぺろりと肥大していて、さっきからの刺激で自然に左右に開いていきます。そのすき間からは、ピンク色の膣と、スケベに勃起したクリ豆が顔を出していました。奥から沁み出した透明な汁は、いまにもしずくが布団に垂れ落ちそうです。

「おお、スケベそうなま○こして。もうマン汁が溢れてるぜ」

「やだ、もう堪忍《かんにん》して……恥ずかしくてヘンになっちゃう」

悶《もだ》える佳代のアソコに、私はそっと指を伸ばしました。

熱くぬちょぬちょになっている濃い紅色のマン肉を指先でくすぐると、佳代は「あっ、ああ、さわっちゃダメよぉ……」と下半身をわなわなふるわせます。

突起したクリをつんつんしてやると、小さな豆がさらに硬く大きくなって、皮の間から顔をもたげてきます。

「やっ、そ、そこはほんとにダメなの……ほんとにおかしく……あひぃっ！」

私は佳代の言葉を無視して、勃起したクリを愛液でぬるついた二本の指で挟み、くにくにといじくってやりました。

佳代は電気ショックでもくらったみたいに大きく体を弓なりにそらして、激しい声をあげます。

「あひぃーっ！　そこはダメだってばぁ……いやいやっ、ほんとにもうっ……あひっ、あひっ、ダメダメっ、苦しいーっ！　あーっ、イッちゃうーっ！」

真っ白な佳代の太腿がピクピクしてくるのを見て、私はやっとクリいじめをやめてやりました。佳代はほっとしたように脱力し、全力疾走したみたいに、ひぃひぃと荒い息をしていました。

間髪を入れず、私は中指を佳代のマン肉の間に挿入していきました。

佳代の内部は、びっくりするほど熱く濡れていました。中の道筋は思ったよりも細く締まっていて、指一本でもきゅっと圧迫してくれます。

「あーっ、な、中ほじっちゃダメぇっ」

ひと息ついたと思ったところで手マン責めを食らって、佳代はまた悲鳴をあげます。

「すごいな。中までぐちょぐちょだ。ほら、ここをこう、コリコリするといいだろ?」

私は佳代の奥まで中指を差し入れ、天井のスポットを探ってやります。女がめったに刺激されない極上の性感帯です。

佳代はまた、ぴいんと全身を突っ張り悶絶しました。

「ひぃぃんっ! やだ、そこ、気持ちいいわあっ! そ、そんな奥をいじくられたら、私、体がおかしくなっちゃうぅっ!」

私はさらに指に力を込め、探り当てた佳代の秘密のポイントを激しくほじります。

両手で髪をかきむしって、佳代はよがり狂いました。

「あううっ! も、もうやめてーっ! こ、こんなの、クセになっちゃうっ! あーっ、あーっ、こ、今度こそ、イッ……ちゃうっ……!」

私は今度も、佳代がほんとうに達する寸前に、手マンを止めます。

続けざまの寸止めを食らって、さすがに控えめな佳代もせつなげな目つきで、じっとこちらを見つめてきます。

「んんーっ、いやよ……どうして……？」

「どうした？　何か足りないのか？　こんなにマン汁垂らして」

私は指を佳代の中から引き抜いて、とろーっと長く糸を引くスケベ汁を見せつけてやります。

「だ、だって……あとちょっとなのに……意地悪しないで……」

「どうしてほしいんだ？　ちゃんと言ってみな」

佳代は恥ずかしさのあまり両手で顔をおおって、それでも小さな声で訴えました。

「イキたいの……イカせてください……」

私は佳代の尻を高く抱き上げると、いやらしく開いた股の間に顔を突っ込みました。とめどなく果汁が溢れる佳代の熟しすぎたマンビラを、私は舌全体を使ってぴちょぴちょと舐めはじめました。

熟成した女ならではの、むせかえるような香りと味が口の中に広がります。

佳代は驚いたように、かなり本気で私の顔を押しのけようとしました。

「だっ、ダメよ、そこ、舐めたりしたら汚いわ。そんなことしてもらっちゃ悪いから……ねえ、やめて……」

「いいんだよ。私が舐めたいんだ。そら、ここが気持ちいいだろ？」

舌をぬるりと割れ目の中へ忍び入らせて、どんどん溢れてくるスケベ汁をすくい取るように動かしてやります。

佳代は「んひぃんっ、いやあ、恥ずかしいっ。恥ずかしいけど、いいわぁ……おめこぺろぺろされるの、気持ちいいわぁっ」ととろけるような声をあげます。

こりんこりんになっているクリ豆を口に含んで吸ってやると、佳代はもう我を忘れて、さっきまでの羞恥《しゅうち》はどこへやら、自分からぐいぐいとワレメを私の口に押しつけてきます。

「ひっ、ううんっ！　いっ、いいわっ！　はあ、はあ、はあ、こ、こんどこそ、こんどこそイッてもいいの？　ねえ、イッていい？」

私は返事をする代わりに、なおいっそう荒々しく舌を動かし、佳代のエロ豆をしゃぶってやりました。

「あぁーっ、もうダメッ。イクっ！　イクわぁっ！　ごめんなさい、ごめんなさいっ！」

佳代は糸を引くように叫ぶと、全身をぴーんと張り詰めさせました。

ずっとじらされていた絶頂にようやく達して、佳代はぐったりと脱力し、「はあぁ……」と長い長い吐息を洩らしました。

うっとりと焦点の合わない目で天井を見つめている佳代に、私はもう一度のしかかりました。佳代のなまめかしいイキ顔を見て、一度は休息に入った私のイチモツも、再び臨戦態勢になっていました。

私はビンビンになっているブツの先っちょで、まだ濡れほてっている佳代のアソコをつん、つんとつついてやります。

「なあ、佳代……入れるぞ。いいよな？」

佳代は手探りで、私のモノが完全にいきり立っているのを確かめて、小さな驚きの声をあげました。

「あん……ついさっきあんなに出したのに、逞しいのね……うれしい。ちょうだい」

私は引きつりそうなほど勃起したモノを、ぬぷりと佳代のマンビラの間へと突き入れました。度重なる刺激にほぐれきっていた佳代のアソコは、なんの抵抗もなく私のイチモツを呑み込んでくれます。

「ああ……うれしい……おち○ぽ、あったかい……」

佳代は自分の指を嚙んで、きゅっと眉根を寄せています。

じりじりと奥へと押し込むと、佳代の熱く熟したマン肉が私のモノにねっちり絡みつき、さっきのフェラも忘れてしまいそうな快感でした。

「ううっ、たまんないぞ、佳代！　めちゃくちゃ気持ちいいぜ……」

「私も……あんたのが、奥までパンパンよ……ああ、ほんとにすごい。あ……ダメ、ちょっと待って……んんーッ！」

突然、佳代はビクッとのけぞり、そのまま小さく下半身をふるわせました。私のモノを咥え込んでいる膣が細かく痙攣しているのが、はっきりわかりました。

どうやら佳代は、奥まで入られた瞬間、達してしまったようでした。

私は薄く笑って、佳代の耳元にささやきました。

「どうした？　入れただけでイッたのか。スケベな穴だな」

佳代は恥ずかしさと興奮で顔を真っ赤にしながら、小さな声で言いました。

「だ、だって……さっきから気持ちいいことばっかりしてくれるから、体が敏感になってしまって……先っちょが奥の感じるところに当たっただけで、もう勝手にイッちゃったの」

「ばかだな。気持ちいいのは、これからだぜ」

佳代の甘い声に、私のナニはさらに奮い立ちました。私は佳代を抱きすくめると、ぐいぐいと腰を使いだします。

「あっ、あっ、いきなりそんな、激し……はああ、そんなにされたら大事なところが壊れちゃう……あぁーっ、いい気持ちよぉっ！」

私の腕の中で、佳代は激しく悶え、体をのたうたせます。

出し入れするたびに、私の股間のモノにも強烈な快感が押し寄せます。

佳代の内部は狭くうねって、奥に進むほどきゅうっと亀頭にヒダが密着します。

ううっ、これはこらえられない。

私自身も喘ぎながら、ときに荒々しく、ときにじっくりと、佳代の女性自身をえぐってやります。

「ああすごい……おち○ぽ熱くて、ゴリゴリしてて……あっ、そこっ、そこ、コスるととってもいいのっ。ああどうしよう、どうしてこんなに感じるのっ！　ねえ、あんたも気持ちいい？　私の体、気持ちいい？」

「ああ、最高だぜ！」

私は本能のおもむくまま、腰のピストンをどんどん速くしていきました。突くほどにナニはいよいよ硬く過敏になっていき、縮こまったタマの中で二発目の精液が煮えたぎりだすのがわかりました。

「はあぁんっ、おめこ熱いぃっ！　ひぃっ、ひぃんっ、も、もう許してっ！　私、またイキそうっ！　こんなにイカされたら、私、おかしくなっちゃうっ！」

「そろそろだ……ちゃんと外に出すからよ」

佳代の年なら若い娘みたいにそう簡単に妊娠はしないだろうが、私は佳代を不安にさせないために、そう言ってやった。

すると、何を思ったのか、佳代は私の首に両腕を巻きつけ、脚をしっかりと私の腰に絡め、ぴったりとしがみついてきた。

「ううん、いいの。そのまま、中でイッて……あったかいの、感じたいの」

そればかりか佳代は、自分から唇を求めてきました。

私も佳代をぎゅっと抱きしめ、唇と舌をむさぼりながら、最後のスパートをかけました。

「んぐぅーっ、ひぐぅーっ！」

腕の中で、佳代の華奢《きゃしゃ》な体がまたビクビクとわななきました。肉壺がぎゅっといっそう締まり、私の快感も最高潮に達しました、

私は自分のそれを根元まで佳代の奥底に突き入れると、そこでありったけの絶頂汁を解放しました。二発目とは思えない勢いで、男のエキスが子宮に注がれます。

「ああ、いっぱい……あったかい……」

佳代がうっとりとつぶやきました。

そのまま私たちは、つながったまま眠りに落ちました。

翌朝、身支度をする佳代に、私は上着のポケットに入れっぱなしだった札束を、あるだけ手渡しました。

「これでちゃんとした服買って、故郷《くに》に帰りな。身寄りはあるんだろ?」

「こんなに……いけないわ。もらえない」

かぶりを振る佳代に、私は言いました。

「かまわねえよ、どうせあぶく銭だ。あぶく銭は人のために使えって言うだろ? どうせ持ってたって、酒と競馬に消えるだけだからよ」

「……ありがとうございます。ほんとうにありがとうございます。恩に着ます。必ずお返ししますから」

佳代は何度も深く頭を下げると、部屋から出ていきました。

友達は「お前、悪い女に一杯食わされたんじゃないか?」と笑いましたが、私は別にそれでもかまわないと思っていました。

どのみち、もう二度と佳代と会うことはないだろう。そう思っていたのです。

だから次の年、小雪のちらつく冬の夜に、突然佳代がアパートの玄関に現れたときには、心底驚きました。

一年たった佳代は、こころなしか少しふっくらし、肌ツヤもよく、とても健康的になっていました。何より髪も服もきちんとして、とてもきれいでした。

佳代は私がやった金で生活を立て直し、男とも別れ、いまはきちんと仕事をしているという話でした。

「そうか……よかった」

私みたいなろくでもない遊び人のあぶく銭が、少しは人様の役に立ったということが、私は心底うれしかったのです。

少しはにかんだように、佳代は私に茶封筒を差し出しました。

「お金、全額お返ししたいんですけど……実はまだ、少し足りないの」

「いいよ、そんなの気にすんな。くれてやった金だ」

私が手を振ると、佳代はぽっと頰を桃色に染めました。

「それじゃ申し訳ないわ。だからそのぶんは、よかったら、またこっちで……」

そう言って、佳代はスカートをするするとめくり上げました。

金は惜しくありませんが、佳代のアソコはまた別です。私は黙って佳代を抱き寄せました。

それからずっと、いまも佳代は私のところにいるというわけです。

第二章
寒さを忘れて淫靡な欲望を醸す女の性

トラック運転手が助けた癒しの美熟妻
車内で滾る極太ペニスを呑み込み……

若松幸雄　トラック運転手・五十五歳

もう二十年以上も長距離トラックに乗っています。全国各地を走り回っていると、いろんなことが起こりますが、これは数年前の話です。

その日は突然の大雪で東北自動車道が通行止めになり、一般の国道に降りるしかありませんでした。異常気象とやらで子どものころよりも雪が多くなっている気がしますが、そのときも天気予報が大ハズレで、これはチェーン規制になるんじゃないかと思っていたら、案の定あるトンネルで「この先チェーン装着」の文字が光っていました。

トンネルの手前では、たくさんのトラックや乗用車が駐車して、雪の中、チェーンを取りつける作業をしています。私はいつものことなので手早く作業を終えて、運転席で用意してあった魔法瓶からコーヒーを飲んでいました。チェーン装着した車が次々とトンネルに入っていくのを眺めていたのですが、そんななかに、なかなか走り出さない乗用車があることに気がつきました。

きっとチェーンのつけ方がわからなくて途方に暮れているのだろうと思いました。よくあることです。特に女性や高齢者のドライバーに多いのです。

どんな人だろうという好奇心から、私は運転席を降りて、その車に近づきました。

「どうしました?」

「あのう……恥ずかしい話ですが、チェーンのつけ方がわからなくて」

「よかったら、やりましょうか」

「ほんとに?」

それが最初の会話でした。彼女は、おそらく四十歳代でしょうか。そのころの私はまだ三十代の前半だったので、まちがいなく年上の女性でしたが、運転席に座ったまま困った顔をしている横顔は、妖艶というのか、若い女性にはない色気があってドキリとしたのを覚えています。

「車の中で待っててもらっていいですよ」

何度もそう言ったのに、彼女は作業する私に傘をさしかけてくれました。なんかその気遣いがうれしくて、声をかけてよかったと思いました。でも誓って言いますが、そのときはまだ、あんなことになるとは想像もしていなかったのです。

作業を終えたときには、二人とも指がかじかんでいました。

「ありがとうございます、ほんとうに助かりました。なんとお礼を言えばいいのか」

そう言って見上げる彼女の顔はほんとうにうれしそうで、私は思わず「よかったらトラックで熱いコーヒーでもどうですか？」と誘ってみたのです。断られるかとも思ったのですが、彼女は「じゃあ、ちょっとだけ」と承知してくれました。

ユキコさんという名前でしたが、雪子ではなく由紀子だと照れくさそうに教えてくれた彼女は四十八歳で、姪の結婚式に出るために一人で車を走らせているということでした。

「ほんとうは夫といっしょのはずだったんですけど、うち、夫婦仲がよくなくて、結婚式に出るのも私一人なんです。まさか、こんな雪になるなんて、ねえ」

魔法瓶のフタを両手で持ってコーヒーを飲んでいる由紀子さんの横顔は、さっきよりもきれいでした。コンビニ弁当の空き容器や菓子パンの袋、それにエロ雑誌などで雑然としている運転席にそんな人が乗っていることが不思議な感じでしたが、よほど感謝したのか、彼女はそうやって、自分のことをポツリポツリと話してくれました。

そのころの私は結婚して二年目でしたが、何日間も妻と離れて全国を走っているのがつらい時期でした。たまに帰れば食事そっちのけで妻を抱いていたものです。私のほうからも、そんな話をしました。

「まあ、いいですね。私にもそんな時期があったんですけどねえ。うらやましい。またあのころに戻りたいです」

「そんなにおきれいなんだから、旦那さんだってご自慢でしょう？」

「まさか。すっかりおばさんになったし、よけいなお肉がつきすぎちゃって、もう女として見てくれませんよ」

「ぼくなら、ずっと大切にするけどなあ。トラックの運転手なんかやめて、ずっと家でいっしょにいますよ」

「ずっといっしょにいて何するんですか？」

「決まってます、一日中エッチですよ」

「まあ……」

軽くエロい話なんかしているうちに、だんだん打ち解けてくるのがわかりました。いつもは味気ないトラックの運転席に香水のにおいが充満していることもあって、自分がムラムラしてくるのがわかりました。車内が暑いせいか、由紀子さんはコートの前を開けて白い胸元を露にしました。妻よりもはるかに豊かな乳房なのは、まちがいありません。私は、けっこう早くから勃起していたのだと思います。

「こんなきれいな奥さんを一人で帰省させる旦那さんの気持ちわからないなあ。心配じゃないのかなあ？」

「おばさんなんか心配しても仕方ないでしょう？」

「おばさんなんてとんでもない、こんなステキな美熟女を」

「そんなふうに言われるの初めてです」

そして由紀子さんは、うれしそうに笑いながらおずおずと言ったのです。横目でチラチラと運転席の隅にあるエロ雑誌を見ていました。

「あの、よかったら、お礼させてください」

「お礼って？」

「こんなおばさんでよかったら、その、だから、私にさせてください……」

「え？　何を？」

「言わせないで……つまり、溜まってるものを、手で……ね。こういうの見ながらしてるんでしょう？　お礼といっても、私にはそんなことしかできないんだけど……」

由紀子さんはそう言いながら、私のズボンの前に手を置き、さすりはじめました。

「え？　そんな……」

「あ、もう大きくなってる」

「だって、こんな美人といっしょにいたら、こうもなりますよ」

「ほんと？　うれしい……じゃあ、出しますね」

由紀子さんはためらうことなくファスナーをおろし、中からいきり立ったペニスを引っぱり出しました。温まった車内の空気の中に男くささが広がりました。美熟女の意外な大胆さに、私のモノはますます膨張してきました。

「ああ、立派、すごい……これが若い人のアレ」

先端やカリの周りをさわって確かめている指先の動きが、とても卑猥だったのを覚えています。私は早くも我慢汁を垂らしていたのですが、由紀子さんはそれで指先を濡らし、亀頭にゆっくりまぶします。その手つきが、いかにも男の性器をいとおしんでる感じがして、私は思わず吐息を洩らすほど感じてしまいました。

「いつもトラックを止めて、一人で処理してるんですか？」

「え？　あ、まあ、ほんと、たまーにですよ、たまに」

「まあ、いやらしい、こんなふうにするんですか？」

そう言って、由紀子さんは手を上下に動かしました。自分でするよりも何倍もの快感がいきなり全身に広がりました。

「すごい、どんどん大きくなってくる」

「だって、由紀子さんのさわり方、すごく気持ちいいから」

「ほんと？　私、じょうずですか？」

「すごくうまいです、自分でするより何百倍も気持ちいいです」

由紀子さんはうれしそうな声をあげると、ますます激しくしごきました。指先でカリや裏筋を刺激してくるので、ますます先走り液が溢れてくるのがわかりました。周りには何台もの車が停まっていて、なかにはチェーン装着の作業中のドライバーもいたのですが、トラックの運転台は高いので下半身を露出してるのは見えません。私は由紀子さんの手コキのテクニックに身をゆだねていました。

「ねえ、お願い、あの……タマも見せて。私、そこ好きなの」

女性の中には睾丸に興味を示す人がいるというのは知っていましたが、きれいな美熟女の口から〝タマ〟なんて言葉を聞くと、とても興奮しました。腰を上げてズボンとパンツを膝までおろして、太腿を開きました。

「これでいいですか？」

「わあ、ステキ……若い男の人のタマ」

由紀子さんは下からすくい上げるようにそれを手のひらに載せ、その硬さや感触を味わいながら、ウットリした顔をしました。最初に会ったときのイメージとは全然別人のような、淫乱な顔をした由紀子さんになっていました。

「だめ、もう我慢できない。ねえ、ふしだらな女になっていいですか？」

「もちろん」

「なんか、溜まってるものが一気に込み上げてきちゃって」

由紀子さんは股間に顔を近づけると、ペニスの先端を口に含み、そして舌を動かしはじめました。タマをもみ上げながら、舌先を亀頭にからみつけ、尿道を刺激し、カリの形をなぞるように味わうテクニックは妻とは全然違うし、もちろんプロの女性とも違いました。自分よりも一回り以上も年上の女性の、いかにもセックスを知り尽くした感じがして、なんかもう頭がボンヤリしてきました。

「どうですか、ちゃんとお礼になってますか？」

「なってます、こんなの初めてですよ」

声がうわずっていました。由紀子さんはチュバチュバと卑猥な音を立てて舌を動かし、手を上下させてきました。

「うれしい、出したくなったら、このまま口に出してくださいね」

そう言って、根元をしごき上げる手にますます力を込めてきました。このままではほんとうにイってしまうと思った私は、精液がせり上がってくるのを感じながら必死で由紀子さんの動きを止めました。

「このまま出すのはもったいないです。ぼくにもさせてください」

「え？」

驚いた顔の由紀子さんをシートに横たえてパンツを脱がせました。「こんな年上のおばさんでもいいんですか？」と言いながらも腰を浮かせた由紀子さんは、やっぱりかなり飢えてるんだなと思いました。スカートに頭を突っ込み、その部分に顔を近づけると、思った以上に濃い茂みの奥から濃厚なメスのにおいが鼻をついてきました。

こんな美人でも、ここはやっぱりにおうんだと思いました。

「すごい、もうビショビショですよ。太腿まで溢れてる」

「ああ、言わないで。あなたのおしゃぶりしてたら、どんどん溢れてくるの」

一滴残らず味わいたくて舌を這わせました。太腿の内側からゆっくり舐めはじめ、陰毛から割れ目にもぐり込んでクリトリスを舌先で転がすと、由紀子さんの腰がひくひく反応しました。そのままビラビラを広げて奥に舌を差し込んで動かすと「はああっ」と声をあげながら、その部分を私の顔に押しつけてきました。

見た目とは裏腹に、下品なくらいに激しく濡れた性器を突き上げてくる由紀子さんのエロさに完全に舞い上がってしまい、私はもう夢中で淫汁をすすりました。

「こんなの初めて、興奮しちゃう。ねえ、もっと吸って」

「全部吸います、スケベな汁をもっとたくさん垂らしてくださいよ」

「スケベな汁だなんて言わないで。ああ、でも出ちゃうの、スケベ汁がどんどん出てくる。私、どうしちゃったんだろう」

そのうち、由紀子さんの腰がガクガクと震えだしました。クリとビラビラを交互に舐めまくっていると、足がどんどん広がっていって、狭い運転席で大股開きになってしまった由紀子さんは、そのまま下半身をぶるぶる痙攣させながら「あ、あ、あ、イキそう、ねえ、イっていいですか？」もうイキそうなの、と何度も口走って、ついに達してしまいました。

「ごめんなさい、私だけイってしまって……」

アソコを丸見えにしたままの格好で由紀子さんは小さく謝りました。そこからはまだ淫汁が垂れています。きっと、いままで何年間も我慢していたのだと思います。

「いいんですよ、イってもらえて、ぼくもうれしいです」

「でも、あなたはまだですよね。ねえ、今度はあなたもいっぱい出して」

由紀子さんは私にしがみついてキスしてきました。ねっとりとした甘いキスでした。

そして片方の手で、ずっと上を向いたままいきり立っているペニスをつかむと、恥ずかしそうにささやきました。

「女の私からこんなこと言うのはすごくはしたないけど、これ、入れさせてください。私みたいなおばさんじゃイヤかもしれないけど、私からのお礼だと思って」

その声を聞いた瞬間、ぼくのモノがギュンと跳ね上がるのがわかりました。こんなにステキな女性なのに、どうして旦那さんは抱かないのだろうと思いました。自分なら毎晩でもセックスするだろうに、なんてもったいない。

「入れてもいいんですか?」

「欲しいです、若いコレが欲しいです。由紀子のアソコに入れて。いま、私のアソコがすごく欲しがってます」

「ほんとうはね、ぼくもハメたくてたまらなかったんです」

「ああ、ハメるだなんていやらしい言い方。ねえ、ハメてください。あなたのぶっといものを由紀子にハメてください」

なんかもう熱に浮かされたようになって、由紀子さんは、その言葉を何度もささやきました。そして、四十歳を過ぎても尽きない性欲を全部吐き出すように、私の下半身に跨《また》がってきました。

狭い運転席では、その格好しかありません。対面座位というのでしょうか。座席に腰かけた私と向き合った由紀子さんは、ペニスをつかむと、自分の割れ目に押し当てました。亀頭が熱いほてりを感じました。

「ああ、これが入るんですね。私のアソコに若いオチ○ポをハメるんですね。なんだか信じられない。こんなことが起こるなんて」

確かにそれは、ほんの数十分前までは想像もしていなかったことです。由紀子さんは意を決したように腰を落としました。私のそれが熱い肉に強く締めつけられる感触がありました。由紀子さんが苦しげな声をあげました。とても狭くて窮屈で、一瞬、ほんとうに入るんだろうかと不安になりました。

「ああ、大きくてキツい……押し上げてくる」

つらそうな声をあげながらも、由紀子さんはなおも腰を沈めてきました。すると、ギュッと窮屈な肉の間を抜けて、今度は柔らかい肉の中に包み込まれました。

「入りましたね」

「ええ、全部入りました。あなたの硬いのが私のアソコいっぱいになってて、息苦しいくらい」

「大丈夫ですか、痛くないですか?」

「痛くないです、すごく気持ちいい。男の人のアレってこんな感じなんですね。なんだか久しぶりで感動しちゃう。あの、少しだけこのままじっとしてていいですか？」

「いいですよ、ゆっくり味わってください」

由紀子さんは私に跨ったM字開脚の格好で、そのまま動きませんでした。自分の性器に挿入されたモノを確かめるように、目を閉じていました。コーヒーを飲んでいる由紀子さんもきれいでしたが、そのときはほんとうに妖艶な美しさでした。

そんなふうに密着して抱き締めると、由紀子さんの体は思った以上にふっくらしていました。服の上から乳房にふれると、かなりボリュームがあって、すごい弾力が手のひらを押し返してきました。いわゆる着痩せするタイプのようです。

かなりスリムな妻とは対称的な由紀子さんの抱き心地が、なんだか新鮮でした。もしもホテルのベッドの上なら、全部脱がせて素っ裸にして、いろんなポーズの由紀子さんをじっくり見てみたい気がしましたが、さすがに狭い運転席、しかも周りには何台もの車が停まっている中では無理です。私は両手で由紀子さんのお尻をつかんで、そのムッチリした肉厚な臀部を楽しむことにしました。お尻もやはり妻とは違って、すごく重量感がありました。ヒーターのせいでうっすら汗をかいているお尻をいやらしくもみしだくと、由紀子さんは下半身をむずむずさせました。

「恥ずかしい、なんかへんな気分になっちゃいます。いい年して、私って、すごく感じゃすいんですよね」

「いっぱい感じてください。ぼくはもう由紀子さんの体に夢中ですよ」

「うれしい、そんなこと言われるなんて、幸せです」

胸のふくらみに顔を埋めながら両手でお尻の肉をつかむと、由紀子さんは「あああんっ」と興奮した声をあげて、自分から腰を動かしました。

アソコの奥から熱い液が溢れてきて、挿入しているぼくのペニスを包み込んでくるのがわかりました。厚みのある肉がペニスを締めつけて、すごい圧迫感です。いちいち妻と比べるのはよくないのですが、でもどうしても妻の体とは全然違うと考えてしまいました。

妻とセックスするときは、どちらかといえば私のペニスで妻の性器を一方的に責めるという感じでした。でも由紀子さんは逆でした。ぼくのほうが由紀子さんの体に招き入れられて、優しいおもてなしを受けているというような感じでした。

「すごくいい感じ。若い男性のアレって、こんなに力強いんですね。なんか、こうやってちょっと動くだけでも、おかしくなっちゃいます」

「いいですよ、おかしくなってください。いくら声を出しても、きっと周りには聞こえないと思います」

「やだ、どうしよう、私、すごく声が出ちゃうんです」

「いいじゃないですか、いっぱい感じてくださいよ」

「ああ、そんなこと言われたら、もう」

由紀子さんの腰の動きが、だんだん激しさを増してきました。淫液が垂れてきて、グチュグチュと音を立てはじめました。その音を聞いてますます興奮したのか、だんだんとピッチが速くなってきました。

「ああ、だめ、感じちゃう！　こんなの初めて……」

ほんとうに由紀子さんは激しく喘ぎはじめました。ときどき卑猥な言葉なども口にしながら、さっきまでは想像もできなかった声をあげていました。

「そんなに気持ちいい？　ぼくのペニス、いいですか？」

「いい、すてき、こんなの初めて……すごく硬い、奥まで届いてます」

「由紀子さんのアソコもすごいです。からみついてくる、すごい締めつけです」

「だって、あなたのが逞しいから。ねえ、もっと感じて」

私はたまらなくなって、お尻の肉をつかんでいる手で、由紀子さんのアナルを刺激しました。その穴は垂れた淫汁でぬるぬるで、指先が吸い込まれそうでした。

「あああ、そこダメ！　そこさわられたら私、ほんとうに狂ってしまう」

「だめよ、今朝、おトイレに行ったのに、ダメ、入れないで」

「いいですよ、狂ってください」

そう言われても、指先がどんどんそこにのめり込んでいきます。気がつくと、人差し指の第二関節くらいまでアナルの中におさまっていました。中でクイクイと動かすと、由紀子さんは全身をふるわせて、ひときわ大きな声をあげました。

「動かさないで、おかしくなっちゃう！　それ、私ほんとに弱いから」

「おかしくなってください。前の穴も後ろの穴も、どっちも感じていいんですよ」

「信じられない！　私、二つの穴で感じてる。ああ、ねえ、お願いです、お尻、もっと動かして！　奥まで入れて、いっぱいズボズボして！」

思いきり指先を突っ込んで、中をかき回しました。美熟女がアナルに指を突っ込まれて喘ぎまくってる姿を見て、ぼくのほうもどうにかなりそうでした。

「ああ、すごいです……アレも指もちぎれそうです」

「だって、すごいんですもの……ずっと我慢してたのに、いきなり前も後ろも入れられて、私、いつもオナニーで我慢してたのに、今日はホンモノのアレをハメられて、しかもお尻の穴にも指を入れられて、ああ、すごく幸せ」

ディープキスしてお互いの顔を唾液でべとべとにしながら、お互いに夢中で動きました。気がついたら窓が結露して真っ白になっていました。外からは絶対に見えないはずです。それでますます大胆になり、私は由紀子さんの体を揺さぶりました。狭い運転席なので、自由に動けるわけではないのですが、それでかえって興奮してしまい、二人とも一気に昇りつめていきました。

いよいよ最後の瞬間に近づいたとき、由紀子さんのアソコは最高に締めつけてきて、同時にアナルに入っていた私の指もちぎれそうなくらいに圧力をかけられました。妻としているときも、そんな反応はありません。由紀子さんが全身で感じまくっているのがわかりました。そんなふうに素直に感じまくっている由紀子さんが、とてもかわいらしく思えました。

「もうダメ、イキそう、イっていい？　あああ、イクッ！」

「いいですよ、ぼくも出そうです！」

先にイったのは由紀子さんでした。全身に力が入ったかと思うと、激しくうめき声をあげて、イクイク……と何度も口走りながら達してしまいました。それを見て私も最後の理性が途切れました。「ぼくもイキます」と言うと、由紀子さんは急いで体を離し、股間に顔を埋めて、それを口に含みました。同時に私は、熱い口の中に思いきり射精したのです。

何度も何度もほとばしる精液を全部口で受け止めると、しばらくの間それを溜めて味わうような顔をしました。さっきコーヒーを飲んでいたときの顔とは違って、いやらしい顔をしていました。やがて思いきって、それを一気に飲み込みました。由紀子さんの白い喉がゴクリと動くのを見て、私の下半身が、また疼きました。

終わってしまうと、お互いになんだか恥ずかしくて、目を合わせるのもためらってしまいましたが、由紀子さんはうっすら笑っているのがわかりました。

「ありがとうございます、いい思い出になりました」

「こちらこそ」

「私、ずっと忘れないと思います……」

うつむいて下着をはきながら、由紀子さんはそう言いました。思いもしない出来事でしたが、私のほうもドライバー人生のなかでいちばんのいい思い出になりました。

運転席から由紀子さんの車がトンネルに入っていくのを見送りながら、あとを追いかけようかとも思いましたが、もちろんそんなことはしませんでした。

いまでもその道、そのトンネルはよく通ります。そのたびに、由紀子さんの車がいないか探してしまいます。雪が降ると、また由紀子さんに会えるのではないかと思うのですが、いまのところ、まだそんな奇跡は起こりません。

スキー教室で娘を助けてくれた恩人を艶マ○コで看病する淫乱四十路熟女！

瀬戸涼子　主婦・四十六歳

あれは、三年前のことでした。

当時、小四だった娘のスキー教室があったんです。

私も若いころは、けっこうスキーにハマってる時期があったので、募集していた保護者の代表として参加したんです。二泊三日の日程でした。子どもたちを見守る立場とはいえ、久しぶりのゲレンデは気持ちよくて、テンションが上がりました。

私と同じように保護者の代表として、娘と同じクラスの男子生徒のお父さんも参加していました。以前から知っているといっても、何度か保護者会などで顔を合わせたことがある程度ですが、そういう場に父親は少ないので覚えていたんです。

夜になると、引率の教師と保護者が集まって軽い飲み会がありました。よく知っている人もいなかったので、私は、そのお父さんに声をかけてみました。

「あのぉ、お隣よろしいですか。私、同じクラスの……」

「え、ええ、瀬戸明日香《せとあすか》ちゃんの、お母さんですよね？」

「あら、覚えていてくださったんですか。ちょっと気が楽になりました。ええと、お坊ちゃんは長谷川純一《はせがわじゅんいち》くんですよね。娘の話によく出てくるんですよ」

「そ、そうなんですか……あ、飲み物はビールでよろしいですか？」

　純一くんのお父さんはもともと東北出身でスキーは得意だったらしいのですが、遊び半分でスキーをやっていた私とは違って、大学時代もスキー場で合宿するようなサークルで本格的にスキーに打ち込み、インストラクターの資格も持っているということでした。そんなスキーの話をきっかけに、聞けば彼のほうが一歳年下。同じ青春時代を過ごした年回りですが、ちょっとお姉さん気分。私は楽しくなって、聞いていた音楽、読んだ本、好きな映画などの話で、すっかり盛り上がってしまったんです。

　そして、無事に最終日を迎えて、間もなく帰路につくというときでした。

「お母さーん、こんなにすべれるようになったよー」

「明日香ー、調子に乗ってると、あ、ほら……キャーッ」

　自信をつけた娘が、暴走してコースの外まですべっていってしまったんです。

「明日香ちゃん！」

近くにいた純一くんのお父さんが、身を挺《てい》して明日香を助けてくれました。ただ、彼自身が、左足と両手の指を骨折する大怪我を負ってしまったんです。

私は救急車に同乗して、現地の病院までつき添いました。

せめて私にできることといったら、彼に寄り添うことぐらいでした。

「ほんとうにありがとうございました。でも、こんな……なんとおわびすればいいか」

「ぼくは大丈夫ですから。それより明日香ちゃんが無事で何よりでした」

学校の先生に娘を家まで送ってもらい、家のことは夫にお願いして、三日三晩、病院に泊まり込みで純一くんのお父さん、長谷川さんを看病しました。

その後、彼が東京の病院に転院してからも、私は毎日、病院に行って身の回りの世話をさせてもらいました。長谷川さんの奥さんは、正社員としてフルタイムで働いているので、昼間は来れないそうなのです。それにしても、病院は看護体制がしっかりしているので、私が行く必要はないのですが、娘の恩人に何かしなければと……。

「瀬戸さん、こんなに毎日来ていただくと、こっちが心苦しいというか」

「そんなこと言わないで、長谷川さん。あなたは明日香の命の恩人なんだから、私にできることはなんでもしたいの。遠慮しないでわがまま言ってくださいい」

正直に言えば、あのスキー教室の飲み会のときから、スポーツマンタイプのルックスも含めて、実直な感じの長谷川さんにひかれていたんだと思います。

そのうちに私は、身の回りのお世話というよりも、かわいい年下の彼のお見舞いに行ってるような気分になっていました。学生時代の一学年ていったら、完全に先輩後輩ですからね。私がリードしなければ、みたいなことも考えていた気がします。そして私は、どんどん心の距離が近づいていくのを感じていたんです。

「今日はね、私が学生時代に聞いてたミスチルのベスト、持ってきたよ」

「あー、うれしいな。やっぱりぼくらの世代はミスチルですよね」

何かほんとうに高校時代にでもタイムスリップしたような気分でした。女子高生が異性と接するときのドキドキみたいな……当時、私はすでに結婚して十年以上、小学生の娘に「お母さん」と呼ばれているのに、女の子の気持ちになっていたんです。

それと同時に、若いころって好きな異性に対してドキドキするだけじゃなくて、性的な興味を抱くじゃないですか。キスしたいなとか、オチ○チン見たいなとか、私とエッチしたいかなとか。私はそういうところまで若い女の子に戻ったように、毎日、面会に行って長谷川さんとお話ししながら、エッチなことばかり考えていたんです。

ただ、若いころって、エッチなことを考えても、照れや恥ずかしさもあるし、だいたい想像以上のことなんてできませんよね。でも、私はそのとき実年齢的には四十路の女。羞恥心より刺激を求める欲望のほうが大きくて、自分でも驚くような大胆な行動に出ちゃったんです。ええ、どうしても我慢できなくて……。

長谷川さんはたまたま四人部屋の病室を一人で使用していましたが、治療をするときや寝るとき、昼寝のときは、ベッドを囲むカーテンを引きます。私はそれを引いて、こう言ったんです。

「ねえ、長谷川さん、困ってること……あるんじゃない？」

長谷川さんは、困惑した表情で目を白黒させていました。

「いえ、いまのところは別に。回復も順調みたいだし」

「ケガしてからもう二週間、ずっと入院してるでしょ？」

「ええ、こんなに入院するのは初めてで……」

「両手を思うように動かせないから、不自由なんじゃないかなって」

「え、ええと……そりゃあ、まあ？」

私はベッドサイドから身を乗り出し、彼の目をジッと見つめてささやきました。

「あのね、男性特有の生理現象っていうか、出すものを出さないと体にもよくないんでしょ？　その手じゃ、自分でできなくて、困ってるんじゃないかと思ったの」

「なッ、なッ、何を言ってるのか、よく……んぐ」

あわてて大きい声を出した長谷川さんを黙らせるために、私、上半身を起こしていた彼の肩に抱きつくようにして、自分から唇を重ねてしまったんです。

「ん、むぐぐ」と身を固くして驚く長谷川さんの唇をむさぼるように、私は唇をうごめかしこすりつけました。それから、ゆっくりと離した口を彼の耳元に近づけて、息を吹きかけるようにしながら、こう言ったんです。

「それとも、夜には奥さんも来てるみたいだから、してもらってるの？」

「ま、まさか、病院でそんなこと……」

「ふふっ、そうよね。逆に恥ずかしくて、奥さんには頼めないよね」

そう言って私は、再び長谷川さんの口をふさぎました。今度は唇を広げて、舌を彼の口腔に忍ばせていきました。切なげな鼻息が洩れてしまいました。彼の口の中、歯の裏や歯茎まで舐め回していると、ようやく彼の舌も絡んできました。

お互いに夢中で舌を絡め、二人の口の周りが唾液でヌルヌルになったころ、私は長谷川さんの下半身をおおっていた掛け布団の中に、手を伸ばしていったんです。

「うぐッ」と発した長谷川さんが、ビクビクと震えました。彼のパジャマの股間には、私の指を押し返すほど勃起したペニスが、大きいテントを張っていました。

私はパジャマの上からペニスを握って、グイグイとしごきました。

「あ、あ、いきなり……そんなに、あうっ」

そうしながら、ほかのベッドに聞こえないように小声で言葉を交わしました。

「まださわってもなかったのに、こんなに大きくしちゃって。やっぱり困ってたんじゃない。ああ、すっごく硬い。出したいんでしょ？　溜まってるもの」

「で、でも、ぼくたちは、そんな関係じゃ……」

「あんなにエッチなキスをしたくせに、いまさら何を言ってるの？」

「いや、それは、瀬戸さんが……」

「じゃあ、やめていいの？　出したいんでしょ？　出してほしいんでしょ？」

「だけど、あの……まあ、出してほしいといえば……」

私はパジャマ越しのペニスを握ったまま、抱きついていた長谷川さんから体を離して、掛け布団をまくりました。そのままの勢いでパジャマのズボンとトランクスを脱がせてしまうと、勃起したペニスがビンとそそり立ちました。

いけないと思いながら夫と比べてしまいました。長さも太さもカリの張りも、明らかに夫より大きくて、思わず「ゴクリ」と生唾を飲み込んでいました。

「ね、ねえ、長谷川さん、どうやって出してほしいの？」

「えっ、それは、あの……瀬戸さんの好きに」

私はカチカチの生のペニスを右手で握って、上下に動かしました。

「男の人はこうやって……オナニーするんでしょ？　あぁ、いやらしい」

「どうして、瀬戸さんはこんなことしてくれるのか、うっ、気持ちいい」

「娘を助けてくれたからよ。普通のお礼じゃ伝わらないぐらい感謝してるの」

「だからって、こんな……あぁっ、何してるんですか？」

私はペニスをしごきながら、亀頭の上から唾液を滴らせたんです。何度も何度も口の中に溜めて、ペニスの根元までドロドロにしていったんです。そうやってしごくと、ヌルヌルの感触がすごくいやらしくて、私も興奮してしまいました。

「奥さんは……こういうこと、してくれないの？」

挑発的な口調で、そんなことまで言ってしまいました。だけど、私だって夫にそんなことをしたことはありません。親しくなって日の浅い長谷川さんになら、いつも頭の中で考えていたエッチなことを、なんでもやってあげられるような気がして、グチャッ、グチャッと自分の唾液まみれの手コキを、執拗に繰り返しました。

「あぁ、うぅっ、こんなの、すぐに出ちゃいそう……」

「やっぱり、だいぶ溜まってるみたいね」

そう言って私は、亀頭をベロベロと舐め回しました。

「ヒッ、そんなこと……瀬戸さん、くぅ」

「口でしてあげるから、いいのよ、いつでも出して」

さすがに病室のベッドでは、フェラチオ以上のことはできそうにありませんから、私は長谷川さんを射精させてあげるために、ペニスを深々と咥え込みました。そして口の中にいっぱい唾液をためて、先端から根元まで出し入れを始めたんです。

「ジュブッ、ジュブッ、ジュジュッ……」

口角から唾液がダラダラと溢れるのもかまわず、裏筋を舌で舐め上げ、頬をすぼめて吸引しました。ずっとそんなフェラチオがしてみたかったんです。

「あうぅっ、もう出そう……あ、出る、出ちゃう」

私はペニスの根元を指でしごいて、激しく頭を振りました。もしかしたら、ジュルジュルと響く音が、病室から洩れていたかもしれません。

「ぐうぅ、ハッ、出るッ！」

かたまりのような精液が私の口の中に飛び込んできました。ノドを直撃されてペニスを吐き出しそうになりましたが、必死で耐えました。二週間分の精液を全部出してスッキリさせてあげたいので、一所懸命に唇でしごきつづけました。

「ぐっ、うッ、まだ出る、止まらない！」

ヨーグルトのように濃い精液が、これでもかと私の口に放出されました。私は最後の一滴までしぼり取るつもりで、バキュームフェラを続けたんです。

「ハッ、ハッ、も、もう空っぽだよ……」

長谷川さんの声を聞いて、私は口を離し、ゴクリと一気に精液を飲み干しました。

「フフフ、いっぱい出たね。気持ちよかった?」

「う、うん、すごく。あの……ありがとう、瀬戸さん」

「いいのよ……病室でこんなことして、私もちょっと興奮しちゃったわ」

帰り際にトイレによると、ショーツのクロッチ部分にねっとりと愛液が付着していました。長谷川さんの勃起したペニスが脳裏に浮かんで、つい病院のトイレでオナニーしてしまいました。クリでは飽き足らず、指まで入れてかき回したんです。

「私ったら、こんなところで……あッ、また、イッちゃう」

翌日も、翌々日も、私は病室で長谷川さんのペニスをフェラチオして、精液を発射させつづけました。彼はまだ奥さん以外の女にそんなことをされることに、罪悪感を抱いているようなので、私はパンティを見せたり、おっぱいを顔に押しつけたりして挑発しました。すると、またたく間にペニスがそそり立ってくれるんです。

「別に溜まってたからってわけじゃないみたいね。昨日もあんなに出したのに、こんなにカチカチに勃起させちゃうんだから、いやらしいね、長谷川さん」

「だ、だって、瀬戸さんがそんなエッチなことするから……」

そして、三日目は長谷川さんが退院する日でした。退院は午前中だったので、私が一人でお手伝いしたんです。荷物をまとめながら言葉が口をつきました。

「よかったね。ホッとしたわ、退院できて」

「ええ、今日の診察でも経過良好だって言われたし。しばらくは通院しなきゃいけないけど、ほとんど痛みはないし、ギプスも今月中にははずれるらしいから」

「じゃあ、今日は、しても平気かな？」

私がそう言うと、彼は「え？」っと不思議そうな顔をしました。

後で聞いたところによると、奥さんもさすがに退院のときぐらいは会社を休むと言ったのですが、彼が仕事に行くように促したらしいのです。私は最初から手伝うと言い張っていたので、鉢合わせすることを避けたのでしょうが……。

タクシーのトランクに荷物を積んで、後部座席に並んで座りました。長谷川さんは松葉杖を抱えていました。その柄の部分をなでながら私は聞きました。

「退院祝いに、欲しいものある？」

「いいよ、そんな……あんなに、いろいろ世話になっちゃったのに」

私はなでる手を松葉杖から長谷川さんの太腿に移動させて、耳元でささやきました。

「イヤねぇ、長谷川さんたら、エッチなこと考えてるでしょ」

「や、やめてよ、瀬戸さん。俺、そんなつもりで言ったんじゃ……」

「あのね……私は楽しかったよ、エッチなお世話。だけど、まだ最後までしてないことがあるでしょ。退院祝いに期待してるのかなぁー、って思って」

「あ、さっき『しても平気かな？』って言ったのは、そういうこと……？」

そんなムズムズするような話をしているうちに、タクシーは長谷川さんの家の前に着きました。戸建ての住まいは、奥さんと共同購入した建売住宅だそうです。

荷物を運び込んでから、私はたずねました。

「寝室はどっち？」

「えっ……ええと、息子は二階の子ども部屋で、俺と女房は一階の奥に……」

「とりあえず、まだ寝てたほうがいいんでしょ？　行きましょ、寝室に」

長谷川さんはとまどいながらも、寝室に連れていってくれました。六畳ほどのフローリングの部屋の中央にダブルベッドが置かれていました。壁には作りつけのクローゼット。奥さんの三面鏡もありました。他人のご夫婦の寝室に足を踏み入れることなど初めてなので、妙に空気がなまなましくて、ドキドキしてしまいました。

「長谷川さんは、ここで奥さんを抱いてるのね」

「な、何を言ってるの、瀬戸さん！」

「ここでクンニしたり、バックで出し入れしたり……あぁ、いやらしい」

長谷川さんは松葉杖を支えにして、どうしていいかわからない様子でした。

「いいわよ、横になって休んで。あ、服は脱いでね。下着も」

彼は「えっ！」と驚きの声を発して、しばらく立ちすくんでいましたが、オズオズと自由にならない手足で服を脱ぎはじめました。私はイジワルなお姉さんのように、ニヤニヤと笑いながら見つめていました。トランクスも脱いで全裸になるまで。

「もお、そんなに私としたいの？　でも、まだ勃起してないじゃない」

「そ、そんなに、からかわないで……恥ずかしいよ」

「じゃあ、ベッドに横になって。長谷川さんはまだ無理しちゃいけないから、そのまま寝てていいわよ。私が全部してあげるから。退院祝いだしね」

話しながら私もニットのワンピースと下着を脱いで、全裸になりました。

「ああ、すごい……瀬戸さん、おっぱいもお尻も、想像してたよりエロいよ」

「そんなこと言って……でも、そう思ってくれるのは、うれしいわ」

私はあおむけになった長谷川さんの足元から、ベッドに這い上がっていきました。

両脚の間に身を埋めて、両手で半勃ちのペニスを支えました。

「あぁ、長谷川さんのチ○ポ」

亀頭の皮を剝くと同時に、クチュッと唇を吸いつかせました。

「うっ！　くぅっ」

亀頭に密着させた唇をカリ首まで何度も上下させてから、指で尿道口をぱっくりと広げて、舌先を挿入させるようにグイグイと押しつけました。垂らした唾液を舐め取るように、ペニスの隅々、睾丸まで舌を這いずり回らせました。

すると、すぐに長谷川さんの大きいペニスは、固まりきってくれました。

「あうっ、くぅ、瀬戸さん……」

長谷川さんが頭をもたげて、私のフェラチオをジッと見つめていました。それがすごく刺激的で、私はヌメッと亀頭の奥までペニスを咥え込みました。ペニスの幹を握って根元に引っぱりながら、亀頭を唇からノドまで出し入れさせました。

「ううッ、気持ちいい……あっ、う、そんなに」

長谷川さんの視線を意識して、私の唇はどんどんスピードを増して、ピストンのように動きはじめました。指が食い込むほど彼の太腿をつかみ、髪を波打たせて、ペニスを出し入れさせたんです。私の口の中に、太くて長いペニスが続けざまに突き刺さってくるようでした。グチャッ、グチャッ、グチャッ――。

病室ではないので、いやらしい音を気にする必要もありません。

「あぁぁっ、くっ、すごい！」

やがて私は唾液まみれのペニスを吐き出し、こう訴えました。

「はっ、はぅ、今日は、私も気持ちよくなりたい」

そしてペニスを咥えたまま、ベッドの上で四つん這いの体を時計回りに移動させていったんです。それから、犬がおしっこをするときのように、片足を大きく上げて、長谷川さんの顔を跨《また》ぎました。彼の目の前に私の……。

「……オマ〇コ、舐めて」

彼の顔がゆっくりとヴァギナに近づいてくるのがわかりました。

「瀬戸さん、どうして、こんなにヌルヌルしてるの？」

すでに私のヴァギナは、どうしようもないほど濡れて、ぱっくりと小陰唇が開いているようでした。敏感なクリトリスもこり固まっているのでしょう。

「そんなこと言わなくていいから……アウッ、そう、舐め回して」

いきなり長谷川さんが、押しつけた口と舌をやみくもに動かしてきたんです。

私は快感にあらがいながら、再びペニスを咥えました。女性上位のシックスナインで、部屋の空気がゆれるほど、強烈なリズムでしゃぶりました。一所懸命にクンニしてくれている長谷川さんの口に、腰を振ってヴァギナをこすりつけながら……。

「あん、いっ、あ、ああうっ!」

長谷川さんの舌先がクリトリスを弾くと、ビクビクと痙攣してしまいました。

「も、もう、ダメ……」

私はガバッと上体を突っ伏し、膝をついてヒップを持ち上げました。四つん這いでペニスを握り、それをしごきながら長谷川さんの足元に進んでいったんです。

「はやく、ほんとの……チ○ポが欲しい」

長谷川さんの顔にお尻を向けた形で、ペニスの上にヴァギナを持っていくと、私は彼の脚の上に上半身を突っ伏しました。そして右手を伸ばしてペニスの根元を握り、腰を沈めながら亀頭をコントロールして、ヌプリと膣口に密着させたんです。

「入れるよ、長谷川さん……よく見てて」

ヌメヌメと亀頭が私の中に入ってくるのが目に見えるようでした。膣の中いっぱいにペニスが埋まってから、私はヒップを上下に動かしていきました。

「あっ、あん、こんなに入ってるよ……ねえ、見える?」

「う、うん、見える……丸見えだよ」

男性にお尻を向ける背面騎乗位で、上半身を突っ伏してヒップを上下させると、ペニスがヴァギナにヌチャッ、グチャッと出入りする様子が丸見えになります。何度も想像したいやらしい行為ですが、それまでやったことがなかったんです。

「あぅ、アッ、こんなに出たり入ったり、丸見えで興奮する？」

「す、すごく興奮するよ……お尻の穴まで丸見えなんだ」

「ああっ、そんな、恥ずかしくて、イッちゃう！」

私は躍動というほどヒップを上下させて、自分の膣にペニスを突き刺しました。

「見て見て、エッチなオマ○コ！　長谷川さんのチ○ポでイク、イクゥッ！」

一度イッた私は、長谷川さんの太腿に両手を置いて、腕を突っ張り、上半身を起き上がらせました。長谷川さんの腰回りにむっちりと座り込んで、ペニスを根元まで埋め込んだまま、ウエストを前後に振り込んでいったんです。

「はッ、はうッ、これも、これもいいッ！」

深々と埋まった大きい亀頭に、膣の穴の前と後ろが互い違いに刺激されました。

「すごい、チ○ポとオマ○コが丸見え！」

長谷川さんも腰を使って、下から突き上げてきました。

二人の腰つきがシンクロして、どこまでも昇りつめていきそうでした。

「あぁーっ、もう、出る……」

熱い精液に子宮を撃ち抜かれて、私も続けざまにイッたんです――。

それからしばらくの間、私と長谷川さんのふしだらな関係は続きました。不倫だからこそできる淫らなセックス、無軌道な欲望に溺れていました。

ところがある日、偶然にも、近所のショッピングモールで、家族連れの長谷川さんを見かけてしまったんです。奥さんと息子の純一くんがすごく楽しそうな笑顔をしていて、私はハッと、憑《つ》き物が落ちたように我に返りました。

なんてことをしてしまったんだろう。このまま不倫を続けていたら、両方の家族がメチャクチャになってしまう。もう彼とはセックスしない。そう決めました。

あれから三年――子どもたちは中学生になって、同じ学校なので、ときどき長谷川さんとも保護者会で顔を合わせます。最近、娘の明日香が、純一くんに思いを寄せていることを知りました。保護者会の帰りに、それを長谷川さんに言ったら、「純一も明日香ちゃんが好きなんじゃないかな……親子だから」と笑ってくれました。

ようやく、私たちの関係に終止符を打つことができた。そう感じました。

聖夜に再会した美熟女サンタクロース
お互いの傷を舐めあう濃厚ファック!

沢井誠一　会社員・三十六歳

自分が落ち込んでいるときに周囲がにぎわっていると、よけいに気が滅入るものです。五年前の冬の私がそうでした。

十二月も中旬に入り、無職の私は途方に暮れて、街をぼんやりと歩いていました。

五年前まで、わたしは区役所の生活保護課のケースワーカーとして働いていました。

両親は堅実で、小さな弁当屋を経営していましたが、その父が急病で倒れたとき、一人っ子だった私は役所を辞め、父の弁当屋を継ぐことにしたのです。

これが、つまずきの始まりでした。

お店の経営を継いだタイミングで、すぐ近くに相次いでチェーンの惣菜屋や弁当屋が出来、ショッピングモールまで建ちました。父のことがショックだったのか、お店を共同経営していた母も認知症が始まりました。

私は結婚していましたが、二歳の子どもがおり、妻は二人目を妊娠中でお店を手伝える状態にはありませんでした。

そして先月の十一月末、私はお店を畳んだのです。近隣の常連さんには惜しまれましたが、背に腹は代えられません。借金が膨大な額になる前に清算しようと思ったのです。役所を辞めて以来、妻とはケンカが耐えませんでしたが、初めて私の決断に賛同してくれました。

十二月に、あわてて職探しをするのは得策ではありません。

年が明けて世間が動きだしてから職安に通おうと、暗澹《あんたん》たる気持ちで考えていました。街は私の気持ちをえぐるかのように、クリスマス一色で煌《きら》びやかな光と音楽を放っていました。

どのお店もサンタコスプレとツリーの電飾があり、年末商戦に向けて声を張りあげていました。

「沢井《さわい》さん……じゃありませんか？」

おしゃれなケーキ屋さんの前を通ったとき、プラカードを持って声を張りあげていたサンタコスプレのお姉さんに声をかけられました。こんなところで、こんな格好で景気よく働いている女性に心当たりはなく、非常に驚いたものでした。

「そうですが……？」

よく見ると若い女性ではなく、私よりも年上のようでした。スタイルがよく、背も高く、ミニスカサンタの姿なので、注視していなかった私は気づかなかったのです。

「穴見《あなみ》です。昔お世話になった……覚えておられませんか？」

コスプレ美人の顔を穴が空くほど見つめました。

「ああ……穴見さん……」

街中ですっとんきょうな声が洩れました。

かつて私が区役所の福祉保険事務所でケースワーカーとして働いていたとき、生活保護の受給の世話をした女性でした。

数年前、穴見さんはＤＶ夫と離婚し、引き取った小学生の娘と困窮《こんきゅう》を極めた生活をしていました。

あの当時、悪名高い、いわゆる水際作戦で、生活保護の申請をあの手この手で受けないようにする風潮がありました。芸能人の親族の不正受給が問題になってしばらくしたころです。

私はそれに逆らい、穴見さん母娘が受給できるよう骨を折ったのです。

「まだ、お役所にお勤めですの？」

ミニスカサンタの姿で、穴見さんは抱きつかんばかりに近づき、満面に笑みをたたえて聞いてきました。

「いや、その……」

立ち話できるほど短い話でも胸を張れる話でもありません。

私の表情を察したのでしょうか、穴見さんも笑みを引きました。

若いサンタ衣装の女の子が近づいてしました。

「店長、お知り合いですか？」

「そうなの。恩人なのよ。エミちゃん、ちょっとだけ、いいかしら？」

「いいですよ。副店長もいますし、夕方までゆっくり」

穴見さんは私を振り返り、再び笑みを浮かべました。

「ちょっとお茶でもしませんか？」

「え、ですが……」

「うふ、この格好で恥ずかしいけど、いまはどこもこうだもの」

精気を弾けさせる穴見さんには、かつての幸薄そうな印象は微塵もありませんでした。あのころよりも数年も若返ったように見えました。

オロオロとついていくかたちで、私たちは近隣のコーヒーショップに入りました。

「私はいつもの。沢井さんは何になさいます?」

穴見さんの行きつけらしく、バイトらしい女性店員も心得たものでした。

「穴見さん、よかったら、こんな時期に不景気なお顔をしていらっしゃる理由を伺ってもいいかしら」

コーヒーを飲みながら、はきはきした口調で穴見さんは言いました。有能なビジネスウーマンのようなオーラがただよっていました。

あのころの穴見さんは生活に疲れ、いわゆる、デモデモダッテの優柔不断な状態で、私が積極的に背中を押して、生活の安定と向上の世話をしていたのです。

立場が完全に逆になっていました。

私は自虐を交え、現在の状況を語りました。

「それは……ツイてなかったですね」

穴見さんは言葉少なく同情してから、サンタコスプレのまま上目づかいに私を見つつ、コーヒーを飲んでいました。

「沢井さん、あのときの私と同じ顔してる」

「え?」

「もうダメだって顔。失礼ですけど、不幸オーラが全身から出てます。それじゃダメ。

理由も根拠もなくていいから、自分は幸せになるんだって開き直らなきゃ」

私たちは見つめ合い、小さく笑いました。

それは、かつて私が穴見さんに言った言葉だったのです。

「しっかりしてください」

穴見さんはテーブルの上の私の手をしっかりつかみ、揺さぶりました。

この何年も妻以外の女性にふれたことのない私は、ドキリとしました。

「男の人のほうがクヨクヨ悩むってほんとなのかしら。何かきっかけが必要？」

「きっかけ？」

意味がよくわからず、聞き返しました。

「いまから私の家に来ませんか？　来年のV字回復を祈願して、決起会をしましょう」

「えっと、あの、その……」

わたしは目を丸め、もごもごと言うだけでした。穴見さんはなおも私の手を強く握っていました。

「でも、お仕事があるでしょう？　それに、家にはご家族も……たしか娘さんが」

もしかすると再婚しているのかもしれない、と思いました。

「大丈夫。今日は、お店は私がいなくても回るの。檄《げき》を飛ばすために前線に立ってたのよ。年がいもなくね。娘は私の実家にきのうから泊まってるの。クリスマスウィークで私が遅くなるのがわかってたから、用心のためにね」

いったん言葉を切ると、手を握ったまま、顔を少し寄せてきました。そして小声で、驚くような言葉を続けたのです。

「……よかったら、泊まっていってくださるとうれしいわ」

失職で頭の回転が鈍っていたのもあるでしょうが、それを差し引いても、意図がまったくつかめませんでした。

「な……何を言ってるんですか」

「私、ずっと穴見さんにお礼をしたかったんです。私と娘の経済状況と心がこんなに百八十度変われたのは、穴見さんのおかげだから」

固まってしまった私を見て、クスリと穴見さんは笑いました。

「奥様には、お友だちの家に泊まるとでも言えばいいでしょう？　落ち込んでいても、それぐらいの気の利《き》いた嘘はつけますよね」

ちょっとイジワルなことを、彼女はイタズラっぽい口調で言いました。

「さあ、善は急げ。穴見さんはここで待っててください。お店で申し送りをしてから来ます。アソコの窓から呼ぶから見ててくださいね」

まるで学生のように、とても四十一歳とは思えない俊敏な動きで穴見さんは立ち上がり、伝票を持って外に出ました。

十分弱ほどだったでしょうか。

窓の外から穴見さんが顔を斜めにしてのぞかせ、ノックする仕草をしていました。

「……着がえないいんですか？　そのままの格好で帰るんですか？」

あわてて外に出た私は聞きました。赤と白のサンタ衣装のままだった穴見さんは小さく笑い、人差し指を口に立てました。

「うふ、横着《おうちゃく》してこのまま家から通ってるの。すぐ近くだし車だから」

近くの青空駐車場まで二人で歩きました。

その一角のいくつかが、ケーキ屋さんの従業員の契約駐車場のようでした。

「……あれから免許を取ったんですか？」

私が生活保護の世話をしているとき、穴見さんは自動車免許を含め、なんの資格も持っていませんでした。

「ええ。あれからがんばったのよ。いろいろ資格も取ったし」

中型のセダンでした。私の顔に浮かんだ疑問に気づいたのでしょう。穴見さんは「中古車よ」と言いました。

車に乗り、しばらく無言でした。十五分ほどで穴見さんの自宅に着きました。

「へえ……こんな立派なマンション」

「これも賃貸よ。沢井さん、卑屈になっちゃダメ。自分以外、みんな立派な成功者に見えるんでしょ？」

穴見さんの部屋は三階でした。狭いエレベーターにサンタコスプレの美人と二人きりなのは、なんとも言えずシュールな気持ちでした。

家に入り、母親と娘の上品な生活のにおいを嗅ぐと、何か後戻りできない状況に陥《おちい》ったような小さな不安を覚えました。

家に入るなり、サンタ衣装の穴見さんは、私とまっすぐ向き合いました。

「沢井さん、あらためて、あのときはありがとうございました。おかげで娘と二人、楽しく暮らせています」

ややしゃっちょこばった言い方でそう言うと、私に深々と頭を下げ、ゆっくりと抱きついてきました。

「あ……穴見さん！」

「不思議。今日、沢井さんにお会いできたのは、ほんとに神様からのクリスマスプレゼントだわ」

私も男性です。ほとんど反射的に穴見さんを抱き締めていました。

「私、あのとき言ってなかったことがあったんです」

穴見さんは私の胸の中でくぐもった声を出しました。

「沢井さんが好きでした。できたら、沢井さんとやり直したかった……でもあのとき、沢井さんは新婚さんでしたよね」

そうでした。穴見さんを助けたいと思ったのも、新婚で仕事に燃えていたからというのもあったのです。

「……正直言うと、あのときの穴見さん、着ているものもアレだったし、いろいろすきだらけだなあって思ってました」

「うふふ、下着同然で沢井さんのお話を聞いてたこともありましたね」

「覚えてますよ。目のやり場に困りましたよ」

見上げた穴見さんと目が合いました。

「私のイケナイお誘いで、沢井さんが勇気を出してくれるといいんですけど」

「すごいきっかけになりそうです。ドキドキしてます」

そっと顔を寄せ、キスしました。

文章にすると滑稽《こっけい》かもしれませんが、美人サンタから勇気の注入をプレゼントしてもらったような気分でした。

ミニスカサンタの衣装の上から、私は穴見さんのお尻をなでました。

寒い時期のミニスカ姿なので、下着を重ねているのか、ゴワついていました。

ゆるりと抱擁《ほうよう》を解くと、穴見さんは薄笑みを浮かべたまま、別室に歩いていきました。そこは三畳のフローリングの間で、シングルのベッドが置いてありました。

「あの小さな娘さんはいっしょに寝てないんですか？」

浮気男の立場を忘れ、どこか以前の役人のような口調で聞きました。

「来年高校受験ですよ。もういっしょになんか寝てくれませんよ」

聞けば私学を狙っているとのことで、ずいぶん経済状況が変わったのだとつくづく思いました。

「うふふ、こんなことになるとわかってたら、もっとちゃんとした下着を着ておくんだったわ」

赤と白のサンタの衣装を、穴見さんはゆっくりと脱いでいきました。ファンタジー感は薄れ、なまなましい四十一歳の女性の下着が見えました。

「オバサン下着で恥ずかしいわ……」

長袖の半透明のシャツを脱ぎ、灰色のストッキングを脱ぎました。

現れたのは肌色のボディスーツでした。レーシーな花の意匠が施してありますが、見た目は下着繊維でつくったレオタードのように見えました。

「お腹が冷えないように、最近はこんなのを着てるんです」

何か言いわけのような口調で穴見さんは言いました。

「いや、これはこれで、セクシーですよ。エッチなサンタさんだ」

ボディスーツの肩ストラップをはずしていた穴見さんは、ふと手をとめ、私を見つめました。

「沢井さん、再就職のために、ぐずぐずしているヒマはありませんよ」

「え？」

「早く脱いでください」

私は苦笑を浮かべ、着ているものを脱ぎました。三十六歳でサンタクロースに怒られるとは思ってもいませんでした。

彼女はボディスーツの下に、ベージュのフルバックのパンティをはいていました。

「うふ、恥ずかしいから、パンティはベッドで沢井さんが脱がしてください」

えらく挑発的な言い方をすると、穴見さんはベッドに入っていきました。

私もベッドに入りました。ほんの二時間ほど前まで、夢にも思っていなかった展開にめまいを覚えそうでした。

「すてきなサンタさんだ。来年の就職活動、うまくいきそうな気がします」

「きっとうまくいくわ！」

横寝の姿勢で、私たちは肌を重ね、強く抱き合いました。

結婚以来、妻以外の女性を抱いたことはありません。声や体のサイズだけでなく、吸いつくような肌の質感、脂肪の豊かさ、体温までが、別の女性を抱いていることを強く実感させてきました。

妻よりも大きな乳房に、むしゃぶりつきました。

「あああ、久しぶり……すてき、すてきだわ……！」

「穴見さん、あれから男性とは……？」

無粋を知りつつ、乳房を舐めながらそんなことを聞いていました。

「バカ旦那と別れてから一度も。それどころじゃなかったから……」

穴見さんは全身をうごめかせ、声をかすれさせながら答えてくれました。

「うっ……穴見さんっ！」

うめいたのは私でした。不意に穴見さんが私の勃起ペニスを握ってきたのです。

「まあ、硬い……なんて硬いの」

うっとりした口調で穴見さんは言いました。

「これ、今日だけは、私だけのもの……いい？　沢井さん」

「かまいません。穴見さんへのクリスマスプレゼントです」

勃起ペニスがクリスマスプレゼント。安っぽいAVのようなアイデアですが、そのとき盛り上がっている私たちには、実にロマンチックに感じられたものです。

「入れますよ、穴見さん」

「来て……プレゼントの交換ね。うふふ、沢井さんに何を差しあげようかしら」

かすれた声で聞いてきました。

「ぼくには、沢井さんそのものがすごいプレゼントです」

「うれしいわ……あああっ」

とろけるような穴見さんの声は、途中から逼迫《ひっぱく》した嬌声に代わりました。

抱き締めながらペニスの根元を持ち、先を穴見さんの膣に当てたのです。

「ああっ、あああっ！　誠一《せいいち》さん、すごいっ！」

ゆっくりと最奥までペニスを突き刺してから、私は聞きました。

「どうしてぼくの下の名前を知ってるんですか？」

「うふ……あのとき最初にいただいた、お名刺が残ってるから」

苦笑いとうれしさが同時に顔に出ていたのでしょう。

「じゃあぼくも、すごいことを言いますから、すぐに忘れてくださいね」

私はペニスを突き刺したまま、強く穴見さんを抱き締め、耳元でささやきました。

「愛してるよ、京子《きょうこ》」

動きはありませんでしたが、穴見さんが驚いているのは伝わってきました。

「なんで私の下の名前を……？」

同じことを聞いてきました。

「書類仕事や窓口の役人とはちがいます。ケースワーカーは担当している人たちのすべてを知ろうとします」

こんなタイミングで役人口調になっていました。ですが効果はありました。

穴見さんの顔が湿っていたのです。泣いたようでした。

「子どものころからいろんなクリスマスを経験したけど、こんな気持ちは初めて」

「ぼくもです……この日を一生忘れないと思う」

クリスマスにラブホテルが満員になる理由がわかった気がしたものです。

ゆっくりピストン運動を始めました。切なくて短い嬌声は、悲観に暮れていたあのころのトーンに少し似ていました。

ピストン運動をしているのに、斜め下には妻ではない美人がいる、この状況が私の気持ちを昂らせました。乳房の揺れ方まで違います。

腰の揺れは最速になりました。ほとんど振動に近い動きです。

「ああっ！　あああっ、誠一さんっ！　すごいっ、すごいわっ！」

「京子っ、ぼくの京子っ、ああっ！　でっ、出るっ！」

とっさに穴見さんは顔をもたげ、両手を差し出してきました。私が上半身を倒すと、これはという力で穴見さんは抱きついてきました。私も強く抱き返しました。

上半身は固定されましたが、私は腰だけをさらに速く動かし、穴見さんの最奥で、万感の思いで射精しました。

荒い息を吐きながら、二人はしばらく無言でした。

ドサリと穴見さんの隣に横たわると、穴見さんの目には涙が光っていました。

「ぼくの京子って言ってくれましたね。かなわない望みだけど、うれしかったわ」

「ウソつきの浮気男でごめん……」

少々下世話な謝り方を言いかけたところで、穴見さんの指が私の口をふさぎました。

「沢井さんのご家庭を壊すつもりはないわ。離婚を迫ったりもしない。でも……ときどき、会ってくれないかしら？」

寝ているのに上目づかいで聞いてきました。

「それは、こちらからお願いしたいですよ。穴見さんは、ぼくのサンタさん。ものすごいラッキーアイテムなんだから」

穴見さんは笑い、私たちはまたキスしました。

「お風呂に入りましょうか。それから食事にしましょう。うふふ、夜は長いわよ……」

こんなに多幸感に包まれたのは、役所を辞めて以来、久しぶりでした。

翌年、私は首尾《しゅび》よく一月の末にある会社に就職が決まり、現在もそこで働いていま す。穴見さんとは月に一度ぐらいの頻度で会い、秘密の逢瀬《おうせ》をしています。

今年のクリスマスは、二人の再会の記念として、アナルセックスに挑戦してみようかという話も出ています。

第三章 雪が舞う夜に濡れ香る 艶めかしい裸身

真冬の混浴温泉で見惚れた男の巨根！
冷たい夫に復讐する禁断の不倫姦……

田村麻美　主婦・四十二歳

久しぶりに、夫婦水入らずで温泉に行ってきました。

実は今回の旅行は、夫の浮気が発覚したため、おわびとして連れていってもらったものなのです。

長年の情で離婚には至りませんでしたが、しばらくは口を利くのもイヤでした。険悪な日々が続いていましたが、少しずつ、夫婦関係を修復しなければと考えて思いついた旅行でもありました。

私は特に、雪景色を見ながら入る温泉が大好きなのです。

今回ばかりは私のワガママを聞いてもらい、雪のある秘境の温泉宿につきあってもらいました。アクセスが不便なぶん、にぎやかな団体客などはなく、落ち着いた古風な宿でした。

「見て！　あなた、雪よ、雪！　きれいね」

電車とバスを乗り継いで降り立つと、目の前には一面の雪景色が広がっていました。心を洗われるような佳境に、日ごろの些末な出来事が、一瞬にして吹き飛んでしまったほどです。

はしゃぐ私を見つめる夫の顔にも、久しぶりに満面の笑みがこぼれていました。宿に着いてひと息つくと、さっそく温泉に入ろうということになりました。

「よし、じゃあまずは、露天風呂に行ってみようか」

夫が浴衣に着がえながら言いました。

混浴の露天風呂があるのも、その宿を選んだ理由でした。

浮気がわかる前から、二年近くセックスレスだったので、混浴風呂できっかけを作りたいという思いがあったのです。

「え……でもまだ明るくて、恥ずかしいわ。露天風呂は夜にしない？」

いい年をしてと言われそうですが、日差しの下で他人に裸を見られるのには抵抗がありました。夫は人の気も知らず、

「オバサンの裸なんか、どうせ誰も見ないよ」

と、デリカシーのないことを言いました。冗談のつもりだったのかもしれませんが、

夫の浮気相手がだいぶ年下だったことを思い出して、カチンと来ました。

けれどそこでケンカをしたら、旅行が台なしになってしまいます。物好きがいるかもしれないわ、と言い返してぐっとこらえました。

結局、男女別の室内の大浴場に入ることになりました。

浴場には、あちらこちらに鏡があって、ふだん見ることのない自分の裸が映し出されました。

確かに、いつの間にかでっぷりと贅肉を蓄《たくわ》えてしまった腰回りも、垂れ下がった乳房も、大きすぎるお尻も、不格好でした。

ただ一つだけ、キメの細かい色白肌だけは、若いころから変わっていない部分でした。曇った窓ガラスの向こうにある雪景色が明るく反射すると、湯の中で白さが浮き上がりました。

夫は、この色白肌が大好きでした。

久しぶりに見たら、やっぱりいいねって思ってくれるはず……そんなことを考えながら、体じゅうを隅々まで洗っていました。

今夜は子どもの耳も気にしなくていいから、うんと乱れてしまうかもしれない、なんて想像してワクワクしていたのです。

ところが、部屋に戻ると先に風呂から上がっていた夫は、湯上りのビールをおいしそうに飲んでいて、夕食を終えるころにはかなり酔ってしまったのです。

「あなた、そんなに飲んだら夜のお風呂に行けなくなるじゃないの」

たしなめましたが、夫も解放感でいつになくお酒が進んでいたようです。そうして豪快に飲んだ挙句、いびきをかいて眠ってしまったのです。

期待して、体をムズムズさせていた自分がバカみたいに思えてきました。

一度は夫の横に並んで寝そべってみましたが、悶々として、少しも眠くなりませんでした。

そうするうちに、やっぱりせっかくだから露天風呂に入ってみたいと思い、一人で行ってみることにしたのです。

すでに深夜に近かったため、脱衣所に人の気配はありませんでした。

よかった、貸し切りだわ……！　いそいそと浴衣を脱いで外に繋がる扉を開けました。

扉を開けた瞬間、ビューッと風が吹き抜けました。

肌に突き刺さるような冷気を浴びて一瞬怯《ひる》みましたが、仄白いランプに照らされた湯気がとても幻想的でひきつけられました。

ガクガク震える体を縮めながら足を踏み出し、急いで湯船に身を沈めました。

「ハアァ、気持ちぃい……」

柔らかなお湯に、冷えた体が溶かされていくような心地よさを覚え、全身から力が抜けていきました。

ホッとため息をついて、暗闇に目をこらしました。

雪化粧をした山々の稜線が、墨絵のように薄っすらと闇に浮き上がっていました。

一人で愉しむには、雄大すぎる景観でした。

はしゃぎすぎた自分が惨《みじ》めでならず、不意に、ぽろっと涙がこぼれました。

夫の浮気以降、ずっと我慢してきた涙だったのかもしれません。

子どもたちに悟られたくない気持ちと、裏切った夫に弱みを見せたくない意地でこらえていたのです。

思いきり泣くのには絶好のシチュエーションでした。

涙をお湯で流しながら、夫に求められることのなかった自分の体を、慰《なぐさ》めるようになで回していました。

湯船の中で温められた乳房は、血流がよくなったせいか、いつになく張りつめていました。自分でもんでみてもゾクゾクするほど感じるのです。

指先で乳首をつまむと、すぐに硬くなって、いやらしくふくらみました。

さびしさをまぎらわせたくて、さらに強く乳首をこねているうちに、体じゅうが敏感になっていくのがわかりました。

ヒクッと疼いた股間に手を伸ばしてみると、かすかに濡れていました。

怒ったり泣いたり欲情したり、我ながら忙しく変化する情緒にとまどいましたが、それが、日常生活から離れて気づいた素の自分なのでした。

日々、家事や育児に追われているときは、意識の隅っこに追いやってごまかしているのです。

そんなことをしているとき、背後の扉がガラッと開く音がしました。

夫が来てくれたのかも！　なんて思って振り向くと、見知らぬ男性が立っていました。

とっさに頭をペコッと下げて、無防備だった体を手ぬぐいでおおいました。

「あ、すみません……ごいっしょしてもいいですか？」

混浴なのだから断る必要もないのに、そんなふうに聞いてきた紳士的な彼に好感を持ちました。

「も、もちろんです。早くお入りにならないと凍っちゃいますよ」

そう言って見上げると、股間の黒いものが、ぶらぶら揺れているのが目に飛び込んできました。

体をふるわせる彼は、あまりの寒さに陰部を隠すことさえ忘れていたようです。

あわてて目を逸《そ》らしていましたが、考えてみれば混浴風呂で驚く光景でもありません。自分の体が疼いていたせいで、妙に意識してしまったのです。

あらためて、自分も全裸であることを意識して、お風呂を出ようか迷っていました。あたりまえかもしれませんが、夫と知り合ってから十数年、ほかの男性に裸を見せたことはありませんでした。

けれどそのとき、「どうせ誰も見ない」という夫の言葉を思い返していました。夫が言うように、自分の体はもう男性を刺激しないのだろうか？　恥ずかしさもありましたが、試してみたいような気分になったのです。

ちょうど人恋しかったし、よその男性と裸で二人きりになるという、日常では絶対に味わえない冒険を楽しんでみようと思いました。

旅先のお風呂という特別な環境が、私を大胆にさせていたのかもしれません。

少し離れた場所に腰を沈めた彼と、少しずつ会話をしはじめました。あまりにも静かだったので、会話をしなければお互いにばつが悪かったのです。

三十八歳の彼が妻子持ちだと聞いて、より安心感を覚えました。近くに出張に訪れた機会に、この宿に泊まることにしたのだそうです。

「子どもがまだ小さいから家では落ち着かなくて。内緒で息抜きしているんです」

彼は申し訳なさそうに言いましたが、家族のことを話しながら浮かべる優しい笑顔は、とても魅力的でした。

私も、夫が先に寝てしまったことなどを聞いてもらううちに、心が晴れて笑顔になっていました。

「よかった。涙が乾いてきたみたいですね」

そう言われて、ドキッとしました。

泣いているところを見られていたとすると、自分で体をまさぐっていたところも見られていたということになります。

それでも、おかしな女だと思わずに声をかけてくれたことがうれしく思えました。

それと同時に、夫にすら見せたことのない泣き顔を見られてしまった彼に、ますます気を許しはじめていたのです。

「すごく、きれいですね」

彼がつぶやいたので、周囲を見回しました。

チラチラと小雪が舞っていました。

「ほんとうに。こんな景色はふだんなかなか見られないものね」

そう答えると、彼は「あなたの肌ですよ」と言ったのです。

思いがけずかけられた言葉は、自信を失って落ち込んでいた心にじんわりとしみ込んできました。

小さな手ぬぐい一枚では隠しきれなった乳房が、湯の中でタプタプと揺れていました。彼の視線を意識すればするほど、体が熱くなってきました。

「ちょっと、のぼせちゃったみたい」

のぼせてなどいないのに、照れ隠しにそう言うと、彼が体を寄せてきました。

「大丈夫ですか？　おや、頬が真っ赤ですよ」

肌がふれ合うほど間近で顔を見つめられると、ドキドキしてほんとうにのぼせてしまいそうになりました。

彼は、浴槽のふちに積もった雪をすくい、手ぬぐいに包んでおでこに当ててくれたのです。

恥ずかしさにうつむくと、水面下で揺らめくペニスが、はっきりと見えました。

少し前までぶらぶら揺れていたものとは違い、勃起して逞しくそり返っていたのです。

自分の裸に興奮してくれているのだと思うと、見ているだけで気分が昂ってしまいました。

「そろそろ上がりますか？　もしよかったら……ぼくの部屋で少し飲みませんか？」

離れがたい思いは私もいっしょでした。

部屋に戻ったところで、昂った気分のままでは寝つけそうにありませんでした。うなずいて立ち上がると、彼の手が遠慮がちに腰に伸びてきました。優しく支えてくれたのです。

男らしい大きな手の感触に、動揺してしまいました。

手ぬぐいで、前を隠しながら取りつくろいましたが、ぷっくりふくらんだ乳首も陰毛も透けてしまって、ほとんど丸見えでした。

素肌に直接冷たい風が当たりましたが、体はひどくほてっていて、寒さを感じる余裕すらありませんでした。

ただ、廊下で人とすれ違うことだけを注意しながら、うつむいて彼のあとについていったのです。

彼の部屋は、私たちの泊る部屋の一つ下の階でしたが、偶然にも並びがいっしょでした。

天井の上では、何も知らない夫がいびきをかいて寝ているのです。そのことは、むしろ私の反抗心に火をつけました。

部屋に入ると、心なしか彼もソワソワしはじめたように感じました。

部屋の真ん中に敷かれた一人分の布団は、まだ使われた様子はなく、糊のきいたシーツがピンと張りつめていました。

その密室には、露天風呂とはまるで違う緊張感がただよい、お互いに口数も少なくなっていました。

布団の横に寄せられたテーブルに並んで座り、冷えたビールで乾杯しました。ビールを一口飲むと、動揺がいくらか治まってきました。

「あぁ、おいしい。心配かけてごめんなさいね。もう大丈夫、落ち着いてきたわ」

彼の視線が浴衣の胸元付近に泳いでいるのがわかりました。急いで着たために、襟元が大きくはだけていたのです。

お風呂上りはノーブラなので、胸の谷間が半分くらいのぞいていました。

「ご主人、目が覚めて奥さんを探したりしていませんかね？」

そんなことをしてくれる夫なら、お風呂で一人泣いたりはしなかったでしょう。

「残念ながら、まったく心配ないわ。酔って眠ると、簡単には起きない人なのよ」

だから時間はたっぷりあるの、と暗に伝えたのです。

お酒を飲むこと以上の何かを期待しはじめたのは、そのときでした。

目に焼きついてしまった彼の陰部が脳裏に浮かびました。見慣れている夫のものよりも、ずいぶん大きく見えました。

「あれ？　また、顔が赤くなってきましたよ。まだそんなに飲んでいないのに」

彼がのぞき込むように顔を寄せてきました。息がかかるほどの至近距離です。

髪をなでられ、そのまま唇を合わせたのは、ごく自然な流れでした。

張りつめていた部屋の空気が、一気にゆるむのがわかりました。

一滴の熱湯で、薄氷があっけなく溶かされてしまうように、わずかにあった躊躇《ためら》いが消え失せました。

唇を合わせたまま、体を押し倒されました。

「アッ、アアッ……」

最初は唇をこすり合わせるだけでしたが、彼の舌に唇をこじ開けられました。私もそれにこたえて舌を伸ばし、絡みつけました。

キスをしながら、彼の長い指が体じゅうを這い回ってきました。指先を押し当てて、プニュプニュと感触を確かめているような動きでした。

もつれ合ううちに、浴衣の合わせ目がどんどんはだけて、乳房がポロンとこぼれ出していました。

「あっ、だめ、いや」

隠す間もなく、彼の手がそこに伸びてきて、ムギュムギュともまれました。

「ああ、柔らかい！　この肌を、さわってみたかった……」

湯上りの湿った肌は、彼の指に吸いつくように、愛撫を受け入れていました。

力強い筋肉に組み敷かれて子宮を圧迫されると、体の奥に閉じ込めていた性欲が噴き出していきました。

重なった体は、互いの体温でさらに熱くなり、じっとりと汗ばむほどでした。

いけないことだと頭ではわかりつつ、体は開いていくばかりです。乳房に食い込んでくる指先に、自分から体を押しつけていました。

「全部、見せてくれませんか」

息を荒くした彼に、浴衣をむしり取られていました。

「イヤン……こんなに明るいと恥ずかしいわ。見せるような体じゃないもの」

うす暗い温泉でのチラ見せとは違い、明るい部屋の中でさらけ出すのには、さすがに勇気が要りました。

「何を言っているんですか。おっぱいも大きいし、すごくそそられますよ」

帯を解かれ、剝き出しになった素肌をじっと見つめられました。

「ほら。明かりの下で見てもやっぱり、きれいですよ。肌が、艶々《つやつや》している」

彼の目はギラギラしていましたが、お風呂で聞いた奥さんの年齢を思い出していました。彼よりさらに若く、三十代前半だと言っていました。

「おじょうずね……若い奥様がいらっしゃるのに」

比べられて惨めになるのはイヤでした。

すると、胸元を隠すようにおおっていた手を、握り締められました。

その手を股間に誘導されたのです。

「さわってみて。あなたのせいで、ずっと勃起しているんですよ？」

トランクスを押し上げている硬いペニスを指先で確かめていました。お風呂で見たときから、少しも勢いを失っていないことに安堵《あんど》しました。

「うわん、おっきい」

思わずギュッと握り締めると、彼は自分の浴衣も脱ぎはじめていました。

「ぼくは、こういうポッチャリした体型が好きなんです。妻は少し細すぎて……」

彼は言いにくそうに小声で言いましたが、その言葉がどれほど私を勇気づけたかわかりません。

脱ぎ捨てられたトランクスから顔を出したペニスに指を巻きつけると、さらに手の中で一回り大きくなりました。じかにさわってみると、見た目以上に太くて、ずっしりと重みのあるペニスでした。

彼の唇が、首筋に吸いついてきました。

その感触にビクッとしてのけぞると、乳房をもむ手にも力が入ってきました。

「どこもかしこもスベスベだ。マシュマロをもんでいるみたい……」

何度も何度もほめられているうちに、なんだか少しずつ自信がわいてきました。その悦びを伝えたくて、握り締めたペニスを夢中でこすっていました。

手のひらは、ペニスが吐き出したいやらしい液で、べとべとになっていました。

「うっ！　待ってください。そんなにこすられたら出ちゃう。もっと愉しみたい」

さっさと出してお終いではないことが、私をさらに悦ばせました。夫とのセックスで、そんな男の身勝手さをしばしば感じさせられていたからです。

敏感になっていた乳首を唇に挟まれて、舌先で転がされると、こらえていた声が洩れてしまいました。

「ンンッ、ダメ、ハウッーン！　アアン」

彼の指が、ゆっくりと移動して、疼いていた陰部に伸びてきました。

「さっき、ご自分でさわっていたでしょう？　ぼくがさわってあげますよ」

やっぱり、しっかりと見られていたのです。

恥ずかしかったけれど、その偶然が彼を焚《た》きつけたのだとすれば、結果的によかったのかもしれません。

ショーツの中に、もぞもぞと入ってきた指が、いちばん敏感な部分を刺激してきました。

指が動くたび、クチュクチュと恥ずかしい音がしました。

「ぐっしょり濡れてる。奥さんだって、まだ満足していないでしょう？」

いつの間にか、自分でも想像できないほど激しく濡れていたのです。束になった指が、ワレメを広げて押し入ってきました。

「穴の中も肉づきがいいんですね……ううっ、すごく締まってきた」

指の動きに合わせて、アソコが勝手に痙攣しはじめていました。

彼は指を入れたまま、下半身のほうに移動していきました。

びっちょり濡れたショーツを引きずりおろされ、両膝を左右に広げられていました。

そのすき間に頭を押し込まれると、無意識に力が入ってしまい、太腿で彼の頭を挟み込んでいました。

「力を抜いて、もっと脚を広げてください。お肉に埋もれてアソコが見えません」

勃起したクリトリスは熱を持って疼いていました。

恥ずかしさより、愛撫を求める衝動につき動かされて、言われるままに、両脚を大きく広げていました。

M字に開いた股の中心に顔を寄せてきた彼は、陰部を押し広げながら、コリッととがったクリトリスに吸いついてきました。

「白い太腿のすき間に、こんなに赤黒いワレメが隠れていたんですね」

そこに唇を当てられると、愛液がさらに奥から溢れ出してくるのがわかりました。

彼はジュルジュルと音を立てて、それをすすってくれました。

「ア、ア、ハァ……感じちゃう。フゥン！　私にも、硬いのを舐めさせて」

自分からそんな催促をしたのは初めてでした。

「舐めてくれるんですか？　ああ、うれしいな」

這いつくばって起き上がり、彼の股間に唇を寄せました。

そそり立ったペニスを間近で見ると、自然と唾液がわいてきました。

夫のものより大きく見えたのは気のせいでなかったと、口の中に入れてみて実感しました。根元までパクッとしゃぶりたいのに、半分くらいでつかえてしまうのです。その大きさに身震いしながら手でこすり、亀頭やカリ首に舌を巻きつけて舐め回しました。

自分を女として見てくれたペニスが、愛おしくて仕方ありませんでした。血管の浮き上がる幹も、硬くふくらんでいる玉も、全部、夢中で、味わっていました。

「すごいな。こんなにうれしそうにフェラをする女性を初めて見ました」

彼は、股間にしゃぶりついている私の顔を、しげしげと見つめてきました。髪を振り乱して、みっともないほど飢えた顔をしていたかもしれません。行きずりの人であるのをいいことに、なりふりかまわずむさぼっていたのです。

やがて彼があわてたように上半身を起こしました。

「まずい、待って、出ちゃう……中に入れなくていいんですか？」

そう言われて、ようやく口からペニスを吐き出しました。

「ううん、入れて……入れてくださいっ！」

足を投げ出して座った彼の膝の上に跨ると、お尻をなで回されました。催促するように腰を揺すって陰部を密着させると、一瞬彼が動きを止めました。

「ああ、でも、ゴムがない。こんなことになるなんて思ってもみなかったから」

成り行きまかせの交わりであることに、あらためて興奮を覚えました。

「アアン！　いいの、そのまま来てください……ナマのまま、こすられてみたい」

太い首に腕を巻きつけ、彼の頭を抱えながら求めていました。

跨った腰を動かすと、そり返った亀頭がくぼみを探して、ワレメの上をすべりはじめました。前後に腰を振ると、くぼみを見つけたペニスが、ヌプッと鈍い音を立てて入ってきました。

二年ぶりにこじ開けられた穴は、生気を取り戻したかのようにグイグイとペニスを引きずり込んでいきました。

冷え固まっていた体の芯が、ようやく人の温もりでほぐされていったのです。

「もっと、もっと、奥までください……ンハッ、ムッフーン！」

喘いでのけぞった拍子に、シーツの上にあおむけに倒れていました。上になって襲いかかってきた彼は、猛然と腰の動きを速めて乳房にしゃぶりついてきました。

彼の肩越しに、ぼんやりと天井を見上げていました。

その向こうに眠る、夫の姿が頭に浮かびました。

寝床の下で、自分の妻が、会ったばかりの名前も知らない男のものを挿入されて喘いでいるなんて、想像できるはずもありません。

そんなことを思ったら、よけいに興奮して、下半身を貫く心地よさは増すばかりでした。

罪悪感を抱くことなく新鮮な快感を味わえたのは、浮気をしてくれた夫のおかげでもあるのです。

だんだんと頭の中が真っ白になってきて、下腹部に埋め込まれた異物の感触だけが、体じゅうに響きました。

「アァ、イキそう……イクッ、ア……ハァン！」

私が達した一瞬あとに、彼もペニスを引き抜いて、射精していました。

お腹の上にまき散らされた精液は、まるで温かいスープのようでした。飢えていた私をお腹いっぱいになるまで満たしてくれたのです。

そのあと、ドキドキしながら部屋に戻ると、安心しきって眠る夫の姿がありました。

翌朝、露天風呂に入れなかったことをわびる夫に、次の旅行をねだりました。また、混浴風呂のある宿に連れていってくれるそうです。

今回の旅行は思わぬ形で、夫婦円満の秘訣を教えてくれました。いまはもう夫を責める気持ちはありません。次の混浴風呂も、こっそり一人で入ってみるつもりです。

若いセールスマンを招き入れる熟主婦　欲望のままに特濃精汁を搾り尽くし！

森井真一郎　会社員・四十歳

十数年前、私がまだ二十代で、住宅リフォームの訪問セールスをしていたときのことです。住宅リフォームとは言ってもかなり胡散《うさん》くさい会社で、そこは直す必要のない箇所にいろいろ難癖をつけてリフォームさせ、高額な工事料を請求するといった悪徳ぶりだったんです。

そのことに対する罪の意識が顔や態度に出るのか、私の話を聞いてくれる人はほとんどいません。当然、契約は取れずに、上司に怒鳴られる日々。精神的にも肉体的にもギリギリな状態でした。

しかもその日は、すごく寒くて、冷たい風がびゅーびゅー吹いていて、耳が千切れてしまいそうなほどだったんです。それでもノルマがあるために、私は半分凍《こご》えながら住宅街の家を一軒一軒、チャイムを鳴らして回っていました。

だけど、インターフォンに向かって「住宅リフォームの」と言ったところで、「うちは大丈夫です」と言って冷たく切られてしまうのでした。

もう指の感覚もなくなってしまいながらも、がんばってチャイムを鳴らすと、インターフォンから警戒心たっぷりの声が聞こえました。

「はい。どちらさま？」

「お忙しいところ、恐れ入ります。私はこのあたり一帯を担当しているもので、奥様のお宅の無料点検をさせていただけないかと思い、お声をかけさせていただきました。もしよろしければ、お話だけでも聞いていただけませんでしょうか？」

インターフォンのカメラに向かって渾身の笑顔を作りながら、私は「リフォーム」という言葉を伏せて必死にセールストークを続けました。すると、いきなりプツンとインターフォンが切れたんです。もう絶望で、目の前が真っ暗になりました。

雪山で遭難した登山家も、きっとこんな気分に違いないといった感じでした。だけど、次の瞬間、ドアの鍵が開く硬い音がしたんです。ハッとしてそちらを見ると、ドアがゆっくりと開き、四十代ぐらいの女性が顔を出しました。

「話を聞いてあげるわ。寒いから、早く中に入ってちょうだい」

「ありがとうございます！」

私は自分で門を開けて玄関まで早足で進み、家に入れてもらいました。中は暖房がきいていて、すごく暖かいんです。それだけで、私はもう涙が出そうになってしまいました。

「ここじゃなんだから、奥へどうぞ」

玄関に入れてもらえただけでも感激していたのに、なんとリビングにまで通してもらえたんです。私はその奥さんが天使に見えてしまいました。だけど、そこで仏心を出すわけにはいきません。もしも契約を取って帰らなければ、また上司から激しく叱《しっ》責《せき》され、そのままクビになってしまう可能性まであったのですから。

私はパンフレットをテーブルに広げて、研修で叩き込まれたマニュアルどおりにセールストークを繰り広げました。

「ふーん。そうなのね。でも、けっこうお金がかかるんでしょ？」

奥さんはいちおう話を聞いてくれているものの、明らかに警戒しているんです。それも無理はありません。当時は「リフォーム詐欺」がワイドショーで話題になっていたこともあって、普通の主婦でも、この話は怪しいと思うのは当然なんです。だけど、それなら最初から家に上げたりしなければいいのです。それに奥さんは私を追い返そうともしません。気が弱くて言い出せないといった雰囲気でもありません。

どうやら私との会話を楽しんでいるようなのです。

そう思ってよく見ると、奥さんはときおり唇を舐めたり、腕を組むようにして胸のふくらみを強調したりしているんです。おそらくドアを開けてくれたのは、インターフォンのモニターに映った私の顔を見て、気に入ってくれたからに違いありません。

当時独身だった私は、先輩社員たちから、結婚すると夫婦の間ではセックスはしなくなると聞かされていました。奥さんの年齢からすると、結婚してから十年以上はたっているでしょうから、夫婦の間はもうまちがいなくセックスレスになっているはずです。

性的に満たされていない熟女が、若い男と家の中で二人っきりという状況に興奮しないわけがないんです。

奥さんには最初から契約するつもりはなかったのです。そのことに気づいた私は、特に失望はしませんでした。目の前に座っている熟女は、とても色っぽくて、中学時代にあこがれていた英語の女教師によく似ているんです。

それに当時の私はまだ若く、やりたい盛《ざか》りだったので、こんなおいしそうな熟女を目の前にして、当然、ムラムラしてしまうのでした。

でも、強引に襲いかかって、万が一勘違いだった場合、とんでもないことになってしまいます。契約が取れないどころか、翌日の新聞に名前が載ってしまいかねないのですから。

そこで私は、慎重に奥さんの真意を探りました。どうしたかというと、椅子の上でモジモジと腰をくねらせてみたんです。それは奥さんの魅力でペニスが勃起してしまい、狭いズボンの中で折れそうになって困っているというふりです。

そう、ふりのつもりだったんです。だけど、そんなことを考えたとたん、私のペニスはムクムクと勃起しはじめて、ほんとうに折れてしまいそうになっていました。

「うっ……」

思わず声が洩れてしまいました。そんな私の様子を見て、奥さんはハッとしたように顔を赤らめました。さすがに人妻だけあって、私の体に起こった変化に気がついたようです。

それで挑発は終わるかと思うと、その逆でした。奥さんは、テーブルの下で私の脚に自分の脚をそっとふれさせるんです。

それは、ほんとうにふれているのかふれていないのかわからない程度のものなので、奥さんはひょっとしたら、ほんとうに気づいていないのかもしれないと迷ってしまうんです。だから私は、まだ積極的になることはできませんでした。

私たちの探り合いはさらに続きました。セールストークを口にしながらも、私の心は奥さんがほんとうに私を誘っているのか、興奮しているのか、といったことを探りつづけていたんです。

そのことで気を取られていた私は、ボールペンを落としてしまいました。

「あ、すみません」

あわてて椅子から降りてボールペンを拾いました。そして、何か気配を感じてしゃがみ込んだままふと顔を上げると、奥さんはテーブルの下で大きく股を開いていきました。

スカートがめくれ上がり、下着が丸見えになりました。しかも、淡いピンク色の下着の股間部分の色がかすかに変わっているんです。それはつまり、奥さんのあそこが濡れているということです。

思わずむしゃぶりついてしまいそうになりましたが、私はグッと我慢しました。まだ信用できなかったのです。

そして私は、また椅子に座ってセールストークを再開したのですが、もう一度わざとボールペンを落としてみました。今度は奥さんの足下に落ちるように細工したんです。

「すみません。ぼく、ほんとに鈍くさくて」

そう言って椅子から降りようとしたとき、奥さんが言いました。

「あ、いいわ。私が拾ってあげる」

奥さんがさっきの私と同じようにテーブルの下にもぐり込みました。それは私の狙いどおりです。そして私はじっと待ったんです。股間のふくらみを見せつけるように、大きく股を開いた状態で。でも、何も起こりません。

やっぱりダメだったか……と思ったとき、私の股間に何かがふれました。ふと見ると、テーブルの下にもぐり込んだ奥さんが、私の股間をなで回していました。

「お……奥さん!?」

「もうこれ以上、じらさないで。私の気持ちはわかってるんでしょ？　それにあなただって、こんなに大きくなってるくせに」

鼻にかかった甘えるような声で言い、ズボンの上から私の股間をなで回すのでした。

もちろん私が奥さんの誘いを断る理由はありません。奥さんが先に行動に移してくれたのですから、もう事件になる心配もないのです。

だから私は、自分からその場に立ち上がって、ベルトをはずしはじめました。

「奥さんの色気がすごいから、ぼく、もうこんなになっちゃいました」

そう言って、ズボンとブリーフをいっしょにおろすと、勃起したペニスが勢いよく飛び出しました。

「はあぁぁ……大きいわ……」

奥さんは目を見開き、ため息を洩らしました。私のペニスは自分でもあきれるほど、力をみなぎらせていたんです。

当時はまだ若かったので、基本的にすぐに勃ってしまっていましたが、それでもあんなになることはめったにありませんでした。それぐらい、奥さんとの探り合いの時間が淫靡で、猛烈に興奮してしまっていたんです。

「奥さん、これは奥さんのことを思いながらこんなになってるんで、どうぞ好きにしてください」

私がそう言って股間を突き出すと、奥さんはペニスを右手でつかみ、硬さを確かめるようにギュッ、ギュッと握りしめるんです。

「ああん、大きいだけじゃなくて、すごく硬いわ」

奥さんは手を数回上下に動かしてから亀頭を手前に引き倒し、アイスキャンディを食べるときのようにぺろりぺろりと舐めはじめました。

「ううう っ……奥さん、気持ちいいです……ううう……」

私は両手を体の横で握りしめて、快感にうめき声を洩らしました。

そんな私の反応に気をよくしたように、奥さんは亀頭をパクッと咥え、口の中の粘膜で締めつけながら、首を前後に動かしはじめるんです。

「あああっ……す……すごい……」

奥さんのフェラは、若い女のようにただがむしゃらにしゃぶるのではなく、カリクビのところがちょうど唇から出たり入ったりするようにするんです。それは男の性感帯を知り尽くしたフェラです。

若くて、すでに長時間興奮しつづけていた私が、そんなフェラに長く耐えられるわけがありません。

「あ、ダメです、奥さん！　気持ちよすぎて、ぼく……もう……」

私が苦しげな声で言うと、奥さんはペニスをいったん口から出し、唾液まみれの亀頭にかすかに唇をふれさせたまま、上目づかいに見上げながらたずねました。

「何？　フェラをやめてほしいの？」

「そ……そんなことは……」

正直言って、奥さんのフェラは最高に気持ちよかったので、もっともっとしゃぶってほしいと思っていたんです。

「じゃあ、続けるわよ。フェラチオするの、久し振りなの。それにこんなに大きくて硬いオチ○チンをしゃぶるのって最高に興奮しちゃうわ。もしもイキたくなったら、お口の中に出しても平気だからね」

そう言って、奥さんはまたペニスを口に含み、ジュパジュパと唾液を鳴らしながらフェラを再開しました。

最後に奥さんが言った言葉が、私の耳の奥に響いていました。お口の中に出しても平気、という言葉です。それを想像したら、しゃぶられる快感がさらに増したように感じました。

「ああ、もう……もう出そうです！　ううう……奥さん、ほんとうにいいんですね？口の中に出してもいいんですね？」

私がたずねると、奥さんはペニスを口に含んだまま、無言でうなずきました。そして、さらに激しく首を前後に動かしはじめるんです。

「ああ、で、出る……出る、出る、出る……で、出る！」

ペニスがビクンと激しく脈動し、熱いものが尿道を駆け抜けていきました。と同時に、奥さんが眉間にしわを寄せて苦しげにうめいたんです。

「はうぐっ……ぐぐぐ……」

それは、私の精液が奥さんの喉の奥に飛び散ったせいです。私は奥さんの苦しそうな顔を見おろしながら、さらにドピュンドピュンと射精しつづけたのでした。

「はあぁ……奥さん、すごく気持ちよかったです」

たっぷりと射精して気持ちが落ち着いた私は、奥さんの口からペニスを引き抜きました。

「うぐぐ……」

奥さんは口の中の精液がこぼれないように気をつけながら、私を見上げるんです。開いた口の中には、白濁液がたっぷりと溜まっていました。

そして、次の瞬間、口を閉じて、ゴクンとすべて飲み込んでしまったのでした。

「お……奥さん……」

私は呆然《ぼうぜん》と奥さんを見つめました。それまで、精液を飲んでもらった経験はなかったんです。

「ああぁん、すっごく濃厚でおいしいわ……やっぱり若い男性の精液って最高よ」

そう言って、奥さんはぺろりと唇を舐め回し、うっとりと目を細めるのでした。

その表情はほんとうに卑猥で、大量に射精してやわらかくなりかけていたペニスが、またすぐにカチカチに硬くなり、まっすぐ天井を向いてそそり立ってしまうのでした。

「す……すごいわ。あんなにいっぱい出したばかりなのに。あああん、今度はそのオチ〇チンで私を気持ちよくしてちょうだい」

「奥さん！」

私は奥さんにおおい被さるようにして床に押し倒し、服をすべて剝ぎ取りました。

「ああん、いや。恥ずかしいわ、こんな明るい場所で。もうそんなに若くないのに」

奥さんは床に横座りした状態で、右腕で胸を、左腕で股間を隠しているんです。

それまで自分と同い年か年下としかセックスしたことがありませんでしたが、奥さんの体つきはなんとも言えない色気があるんです。

脇腹の贅肉や、太腿のたるみ具合が、ものすごくリアルというか……。

「恥ずかしがらないでください。奥さんの体、すっごくエロいです。もっとよく見せてください」

私は奥さんの腕をつかんでどけさせました。奥さんの腕にはほとんど力が入っていませんでした。そして、すべてが私の目の前にさらされたんです。

「す……すげえ……」

思わず私は、ふだんの口調になってしまいました。それぐらい奥さんの体はエロいんです。乳首は濃い褐色で、すでに勃起しているからか、すごく大きいんです。

陰部もかなり色素沈着気味で、特にエロいのが、小陰唇の大きさです。旦那さんが小陰唇を吸うのが好きだったのか、まるで鶏のとさかのようにびらびらと伸びきっているんです。

「ねえ、大丈夫？　オバサンの体に引いてない？」

「引くわけないじゃないですか。ほら、これが証拠ですよ」

私は股間を突き出しました。ペニスはさっき口の中に射精したばかりなのに、またはち切れそうに大きくなっていました。

「ああああん、うれしいわ。私の体を見てそんなに興奮してくれているなんて。ねえ、こんな硬い床の上より、寝室のベッドへ行きましょ」

私たちは寝室へ移動し、ベッドに倒れ込んで抱き合いました。私は奥さんのやわらかい乳房をもみ、オマ〇コを指でかき回し、クリトリスを舐め回してあげました。

「あああん、すごいわ。はあああん、もう……もう子宮が疼いてるの。この硬くて大きなもので、いっぱい突き上げてぇ」

奥さんは私の前に大きく股を開きました。膣口がヒクヒクうごめきながら私を誘うんです。そんなふうに誘われて、じらすことなどできません。

「奥さん、いいんですね？　入れますよ？」

そり返るペニスを右手でつかんで、私は奥さんの股の間に体を移動させました。そして、亀頭を膣口に軽く押しつけたんです。すると、まるでイソギンチャクが獲物を捕まえるときのように、奥さんのオマ◯コは私のペニスを呑み込んでいきました。

「ああーん……入ってくるぅぅ……」

「ああ、すごい！　奥さんのオマ◯コ……中に何かがいるみたいにグニグニ動いてます。あぁぁ、気持ちいい……」

「はぁぁぁん……久し振りだから、オマ◯コがよろこんでるのよ。あああ、いっぱいかき回してぇ……あああああん！」

奥さんは下から私にしがみついてきました。きつく抱き締められると、その腕の力とマン筋が連動しているかのように、ぎゅーっとペニスを締めつけてくるんです。

「あああああ、気持ちいい……奥さん、最高です！」

寒い外をさまよい歩いていたときには、まさかこんなすばらしいセックスが待っているとは思ってもいませんでした。そのよろこびをぶつけるように、私は腰を前後に動かして奥さんの膣奥を突き上げてあげたのでした。

「これでどうですか？　ううっ……奥さん、あううう……」

「はあああん！　いい……あああん、子宮に、子宮に響くわ……あああああん！」

「ううう……気持ちいい……あああ、奥さん……ああうううっ！」

私は奥さんにキスをし、乳房をもみながら膣奥を突き上げつづけました。こんなに激しく腰を振ったらすぐに限界に達してしまうと思っても、腰が勝手に動いてしまうんです。

それぐらい私は興奮していたのでした。あんなに興奮したのは生まれて初めてでした。そして、あんなに気持ちいいのも初めてだったんです。

「ああ、ダメだ、奥さん……もう……もう出ちゃいそうです！」

「あああああん、いいわ！　中に、中にちょうだい！　今日は大丈夫な日だから、心配しないで……ああああああん！」

中に出す……それも私は経験したことがないことでした。そのことを想像すると、私はもうあっさりと限界を越えてしまうのでした。

「あああああ、で、出る！　はっううう！」

力いっぱい膣奥を突き上げたまま腰の動きを止めると、ペニスだけが激しく暴れ回り、熱い精液をたっぷりと放出しました。その刺激に奥さんも限界を超えてしまったのです。

「あああぁ、私も……私もイクゥ！　あっはあああん！」

二人でぐったりと抱き合い、それで満足したはずでした。だけど、ペニスを引き抜くと、とろけきったオマ○コの穴から白濁液がどろりと溢れ出て、その様子を見た私のペニスは、また射精前のように力強くそそり立ってしまうのでした。

「いいわ……この精子だらけのオマ○コに、もう一度ぶちこんで！」

「ああ、奥さん！　もう一回、いっしょに気持ちよくなりましょう！」

そして私たちは、二回戦へと突入したのでした。

その日は、結局、三回戦までしてしまいました。奥さんも満足してくれたようで、いっしょにシャワーを浴びながら、私に言うんです。

「がんばってくれたから、うちをリフォームさせてあげるわ」

でも私は、その申し出を断りました。こんなにすごいセックスを経験させてくれた奥さんを、あんな悪徳リフォーム会社の餌食《えじき》にするわけにはいかないと思ったんです。

「いいえ、けっこうです……ぼく、もうこの仕事は辞めます」

そして、約束どおり、私はその日のうちに辞表を提出し、いまではまともな仕事で一所懸命働いています。あの日、あの奥さんと出会わなければ、私はどうなっていたか……ときどきそんなことを考えるんです。

パート先で知りあった可愛い年下男
久しぶりに味わう鬼硬チ○ポで昇天！

須川慶子　パート主婦・五十一歳

ある地方都市に住んでいます。いまから七年前の体験談になります。

当時、私はある流通センターでパートをしておりました。

倉庫内にある商品の整理や品出しが主な仕事で、十年以上勤務しており、パートさんの中ではリーダー的な存在になっていました。

五月の連休明けだったでしょうか、加瀬《かせ》くんという男性のアルバイトが入ってきて、私が指導役を任されることになりました。

年齢は二十四歳、一浪の末に就職浪人し、いまはフリーターをしているとのこと。

明るい性格はいいのですが、お調子者でポカが多く、きつく注意したことも一度や二度ではありませんでした。

それでも落ち込む様子は少しもなく、あっけらかんとしており、なぜか私になついていました。

ときには、「好きなんです」と迫ってきたことも……。

周囲のパートさんたちは「須川《すかわ》さんのことが本気で好きなんじゃない？」と楽しんでいましたが、歳の差を考えたら、からかっているとしか思えませんでした。

そんな調子で月日がたち、その年の十一月に加瀬くんの就職が決まり、年末にアルバイトを辞める旨を告げられました。

「一度だけでいいから、デートしてください」

そう懇願され、就職祝いに食事だけならとオーケーしたんです。

約束は一月六日の月曜、夫が出張の日を選んだところ、とんでもない事件が一月二日に起こりました。

実は私、着つけの資格を持っており、正月の三が日にラブホテルを訪れた若い娘さんの着つけを手伝う短期のバイトをしていたんです。

初詣をすませたあと、彼氏とラブホテルに入ったものの、着物を自分で着られない娘さんたちってけっこう多いんですよね。

ホテルのバックヤードで待機していると、お客さんからフロントに電話がかかってきて、私はさっそく指定された部屋に向かいました。

年のころなら、二十歳を過ぎたあたりでしょうか。とてもかわいらしい娘さんで、彼氏の姿はどこにも見えませんでした。

気まずいのか、単なる気遣いなのか。こういうときの男の子って、姿を隠してしまうのが一般的で、私はさほど気にもせずに着つけを完了させせました。

乱れたベッドや室内に充満しているいやらしいにおいは、若いカップルがつい先ほどまで愛を語らっていたことを如実に物語っていましたが、もちろん私は素知らぬフリをしました。

「はい、これで大丈夫ですよ」

「ありがとうございます。コウくん、準備できたよ！」

見るからに天真爛漫《てんしんらんまん》な娘さんは大声で叫び、すぐさま浴室の中から男性の声が返ってきました。

「ああ、終わったの？」

扉が開いた瞬間、心臓が張り裂けそうなほどびっくりしました。

あろうことか、そこに立っていたのは加瀬くんだったんです。

時が止まるって、ああいうときに使うんでしょうね。

彼も足を止め、目を丸くしていました。

「見て見て！　ママにやってもらったより、ちゃんとしてるよ」

「あ、あ……うん」

「……どうしたの？」

「い、いや、着つけの人がまだいるんだったら、そう言ってよ。驚くじゃゃん」

「あ、ごめん。コウちゃんに早く見せたくて……」

バツが悪そうな加瀬くんを目にし、私もようやく我に返りました。

「いいえ、すぐに出ていかなかった私が悪いんです。気にしないであげてくださいね。それじゃ、ごゆっくり」

早々と部屋を立ち去ったところでホッとしたのですが、動悸《どうき》はまったく収まりませんでした。

恋人なのか、女友だちなのかはわかりませんが、エッチする間柄の若くてかわいい子がいるなんて……。

好きだと私に迫ってきたのは、なんだったのか。

やはり、からかっていたとしか思えません。

女のプライドが傷つけられたのは事実ですが、年齢差や私が人妻だということを考えれば、あたりまえのことです。

そう割り切り、約束の六日、私はパート仕事を終えたあと、加瀬くんとの待ち合わせ場所に向かいました。

ややこわばった表情で現れた彼にクスリと笑い、ラブホテルの一件には何もふれずに居酒屋に行きました。

「今日は私のおごりだから、なんでも好きなもの頼んでね」

「ありがとうございます……あの、先日はすみませんでした」

「あら、なんのこと？」

あえてとぼけると、彼はいつになく殊勝《しゅしょう》な態度で謝罪してきたんです。

「二日の日のことです……彼女とは去年の秋口に友だちから紹介されて、つきあうことになって、あの、その……」

「ふうん、つきあって日が浅いのに、もうホテルに行っちゃう仲なんだ？」

「そ、それは……」

二人の様子を見た限りでは、もっと長い期間、交際しているように見えました。

加瀬くんからしてみれば、精いっぱいの言いわけだったのだと思います。

「須川さんが好きなのは……事実ですから」

「もういいわ、その話は。とにかく今日はあなたの就職祝いなんだから、早く乾杯しましょう」

「す、すみません」

ハンカチでひたいの汗をぬぐう姿にまたもや笑ってしまい、注文をすませて乾杯したあとは自然体で話をすることができました。

ところがお酒が進むにつれ、いつもどおりに飄々《ひょうひょう》と接してくると、私の気持ちの中で変化が現れはじめたんです。

「ほんとうにあのときはびっくりして、心臓が止まるかと思いましたよ。でも、さすがに須川さんは大人の女性です。如才《じょさい》ない対応にはしびれました。そういうところが、魅力的なんですよね。子どもっぽい若い女とは、やっぱり違いますよ！」

彼女を酒の肴に意味深な視線を投げかけてきて、次第にムカムカしてきたんです。

私自身もアルコールが回り、少々悪酔いしていたのかもしれません。無意識のうちに、ねちねちといやみをぶつけていました。

「あら、それでも好きなんでしょ？　おばさんよりも」

「……え？」

「そりゃ、ピチピチした若い子のほうがいいもんね」

「あ、あの……」

加瀬くんがおどおどしだすと、もっといじめて、傷つけられた女のプライドを取り戻したい心境に駆られました。

「ご、ごめんなさい。あの、なんと言ったらいいか……」

「就職祝い、もう一つ用意してあるのよ」

「……は？」

「絶対に受け取ってもらうから」

「ま、まさか……お仕置きですか？」

「そんなことするわけないでしょ。さ、出ましょう」

「出て、どうするんですか？」

「いいから早く！」

さっそく会計をすませて店をあとにし、私はおびえる彼の手を引っぱってラブホテルに連れ込みました。加瀬くんと彼女が過ごしたあのホテルへ……。

「ど、どういうことですか？」

「あら、私のことが好きだったんじゃないの？　それとも、単なる社交辞令かしら」

「そんなことないです……あ、ああ」

ジャンパーとセーターを脱がせ、ジーンズとパンツを引きずりおろすと、半勃ち状態のペニスがぶるんと飛び出しました。

私はすぐさま腰を落とし、若々しいおチ○チンに舌を這わせていったんです。

「あ、あ、ちょっ……むむっ」

「ふふっ、これがもう一つの就職祝いよ」

唾液をたっぷりまぶしてから咥え込むと、ペニスは口の中でどんどん膨張していきました。

あのときの私は、デリカシーのない男の子に女の怖さをたっぷり教え、溜飲を下げるつもりでいたんです。

ギュポッギュポッギュポッと、夫にさえ見せたことのない激しいフェラチオを繰り出すと、加瀬くんの細い腰が震えだし、太腿の筋肉が痙攣しはじめました。

「あ、あ……す、すごい」

人妻が経験豊富なのはあたりまえで、テクニックだけなら若い女の子に負けるはずがありません。

「ま、ま、待ってください！　そんなに激しくしたら……あ、あぁ」

私は彼の言葉を無視し、お尻に指を食い込ませ、猛烈な勢いで首を打ち振りました。

そしておチ○チンがビクビクと脈打つころ、口から吐き出してこれでもかとしごいに立てつづけにてあげたんです。

「あ、イクっ、イックぅっ！」

「きゃっ！」

白濁のかたまりがびゅるんと頬をかすめて跳ね飛び、二発三発四発と立てつづけに射精したときは思わず悲鳴をあげました。

若い男の子の精力って、ほんとうにすごいんですね。

体の芯にボッと火がつき、膣から愛液が溢れでてくるのが自分でもはっきりわかりました。

「いやだわ、もう出ちゃったの？」

「はあ、はあっ」

私は加瀬くんの手を取り、今度はベッドに連れていって押し倒しました。

逞しいおチ○チンはまだ勃ちっぱなしで、萎える気配を全然見せないんです。

「あ、おおおっ」

精液のしずくが滴るペニスを口に含み、舌でねっとり舐めてあげると、彼はうめき声をあげながら悶絶しました。

「こんなものじゃ、すまないんだから」

私もジャケットを脱ぎ捨て、今度は陰嚢を舐めしゃぶり、片方ずつ口の中に吸い込みました。

「あ、ぐはぁあぁぁっ」

泣きそうな顔で両足を一直線に突っ張らせ、シーツをわしづかみする姿に性的な昂奮がますます募《つの》りました。

無意識のうちにスカートの中に手を突っ込み、すでに愛液でぐしょ濡れ状態のショーツを脱ぎ捨てると、加瀬くんは涙目で訴えました。

「すごい、すごすぎます！　魂が抜き取られそうです！」

「まだまだよ」

「く、おおっ」

今度は手のひらで陰嚢をなでさすり、おチ〇チンを根元まで呑み込んでから喉の奥で先端を締めつけてやりました。

ペニスをあんなにしゃぶったのは、初めてのことだったのではないかと思います。

次第に子宮の奥が疼きだし、ペニスを膣の中に入れたい気持ちになりました。

ところが生意気にも、彼は手を伸ばして私の胸をまさぐってきたんです。

一度放出したことで、余裕が生まれたのかもしれません。

「……あンっ」

ペニスを口から吐き出して身を起こすと、大きな手がすかさずスカートの下をかいくぐりました。

「あ、パンティ、はいてない！　ノーパンで来たんですか!?」

「そんなわけないでしょ！」

床に落ちているショーツを目にした加瀬くんは、目をぎらつかせて迫りました。

「す、須川さんのも見せてください！」

「だめよ」

「ずるいですよ、ぼくのばかり見て」

加瀬くんは私を押し倒し、唇を奪うや、指で女芯を集中的に責め立てました。

「あン、ふン、あふっ」

身も心もとろけそうな快美が背筋を走り抜け、甘い予感に脳の芯が震えました。

彼からしてみれば、受け身のままでは終われないというプライドがあったのかもしれませんが、こちらも身を委《ゆだ》ねるつもりはさらさらありません。

指づかいは手慣れているとはいえず、私は反撃とばかりに唾液まみれのペニスを握り込み、カリ首を中心にしごきたおしました。

「あ、む、むむっ」

息苦しくなったのか、口をほどいた彼の目は、すでに焦点を失っていました。

それでも強引に体を下方にずらし、スカートの中に顔を突っ込まれると、さすがにあわてました。

「いや、だめ、ひっ」

攻守交代とばかりに大切な箇所をペロペロ舐め、恥ずかしさと気持ちよさで頭の中がぐちゃぐちゃになりました。

必死に足を閉じたのですが、かまわずにいちばん敏感な箇所を執拗に舐め立ててきたんです。

「ンっ、はっ、や、やぁあっ！」

「須川さんのおマ○コ、すごくおいしいです！」

「あっ、くっ、くふぅ」

わざとらしく、じゅるじゅると派手な音を立てて愛液をすすられ、私はとうとう軽いアクメに達してしまいました。

体は熱くほてったまま、我慢できなくなった私は、加瀬くんを無理やり押し倒して腰を跨りました。

「……あっ」

口の周りをベタベタにし、びっくりした彼の滑稽な表情はいまでも忘れられません。私はスカートをまくり上げ、ピンピンにおっ勃ったおチ○チンを陰唇の狭間に押し込みました。

「あ、あ、あ……」

まるまると張りつめた亀頭が入り口を通過した瞬間、あまりの気持ちよさにまたもやアクメ寸前まで達してしまい、こらえることに必死でした。

ヒップをゆっくり落としていくと、ペニスの胴体が膣壁をこすり上げ、先端が子宮口に届くと同時に心地いい充足感に満たされました。

「あ、はぁぁあっ」

「う、うはっ……す、須川さんの中、とろとろです……柔らかくてしっぽりしていて、チ○ポがとろけそうですよ」

「いい？　今度は簡単にイッたら許さないから」

念を押してから、私は一心不乱にヒップを打ち振りました。

加瀬くんは顔をくしゃりとゆがめ、歯を食いしばっていましたが、私はおかまいなく快楽をむさぼり味わったんです。

バチンバチーンと、ヒップが太腿を打ちつける音が室内に反響しました。

ピストンを繰り返すたびに全身が浮遊感に包まれ、天国に舞い昇るような快感が次々と襲いかかりました。

「ああ、いい、いいいわぁ！　おチ○チン、気持ちいいとこをこすり上げるの……」

「ぐ、くくっ」

腰が勝手にくねってしまい、知らずしらずのうちに腰のピストンが加速するなか、頭の中がバラ色の靄《もや》におおわれました。

ときおりヒップをグリンと回転させると、彼は臀部を小さくバウンドさせ、亀頭の先端が子宮口をガツンと小突くんです。

あのときは女のプライドなど彼方に吹き飛び、私は一人の女として若い男の子とのセックスを心の底から楽しんでいました。

「ああ、も、もう、ぼく、イッちゃいそうです……」

「だめよ、もう少し我慢して！　私もイキそうなの！」

「あ、ぐあぁっ！」

ラストスパートとばかりに、私はがむしゃらにヒップを打ちおろしました。

加瀬くんは顔を真っ赤にして力んでいましたが、とうとう泣き顔で我慢の限界を訴えてきたんです。

「だめ、だめ、イッちゃいます！」

「ああ、私もイクわ……いっしょにイッて！」

「いいんですか？　中に出しちゃっても……」

「いいわ、イッて、たくさん出して……ひぃぃぃぃっ！」

　よほど射精したかったのか、彼も下から腰を突き上げてきて、私の体がトランポリンをしているかのように弾みました。

　めくるめく快感にどっぷりひたり、こうして私はエクスタシーの波に呑み込まれていったんです。

「あ、イクっ、イキますっ！」

「はっ、はっ、イクッ、イクイク！　イックぅぅっ！」

　全身の毛穴から汗が噴き出し、朦朧とした意識の中で絶頂を迎えた私は彼にもたれかかりました。

　その後は二人でシャワーを浴び、二回戦、三回戦と、合計四発はしぼり取ったでしょうか。加瀬くんが泣きを入れるまでおチ○チンを離さず、たっぷり懲《こ》らしめてあげたんです。

気分的にはすっきりしたのですが、あとになってから、はしたないことをしてしまったと後悔しました。

連絡先は交換していたものの、彼からの連絡はなく、怖れをなしてしまったのかもしれません。

酔っていたとはいえ、ちょっとやりすぎてしまいました。

彼はいまごろ、どうしているのか……。

寒い季節になると、あの日のことを思い出し、子宮の奥が甘くひりついてしまうんです。

大晦日に訪ねて来た五十路大家さん孤独な苦学生を豊熟ボディで慰め……

中島進一　会社員・六十歳

いまから四十年ほども昔の話です。

当時の私は、都会の片隅で暮らす苦学生でした。

父親の反対を押し切り、半ば家出も同然に上京した私は実家との折り合いも悪く、言うまでもなく経済的援助など望むべくもありません。奨学金とアルバイトでなんとか学費と家賃を払うので精いっぱい、毎日かつかつの貧乏大学生でした。

もちろんそんな余裕のない学生に、ガールフレンドなんかできるはずもなく。

下宿はもちろん風呂なしの四畳半でした。大学にさほど近いわけでもなく、駅や商店街にも遠く、ただ安いのが取り柄のボロアパートです。あまりに不便なせいで学生の入居者は私一人で、ほかはお年寄りや夜勤のおじさんなどでした。

ただ、こんなアパートにもありがたい点がありました。

それは、大家の真佐子《まさこ》さんでした。

真佐子さんはそのとき、五十代の半ばだったでしょうか。ふくよかな、いかにも下町のおっかさんという雰囲気の快活な女性でした。

若い入居者が私一人だったということもあるのでしょう、よく私のことを気にかけてくれました。金欠で腹を減らしているときなど、それを察して食事を差し入れてくれたこともたびたびありました。

二十歳の年の瀬も、私は実家に帰ることもなく、毎日きついアルバイトに通っていました。

底冷えのする、大晦日の夜でした。バイトからくたくたになって下宿に戻ると、アパートはいつにも増して静かでした。四畳半にはテレビもなく、トランジスタラジオが一つあるだけ。そのラジオをつけると、紅白歌合戦が流れだしました。

大学の友だちもみんな帰省するか、そうでなければ優雅にスキー旅行なんかに出かけていて、こんなみすぼらしい部屋で疲れ切り、一人ぼっちで正月を迎える自分が、ふだんよりさらに惨めに思えました。

私はラジオを消すと、安焼酎をぐびぐびあおりました。酔っ払って、正月はずっと寝ていようと投げやりに考えていました。

すると、いきなりドアがノックされました。

「進一《しんいち》くん、帰ったんでしょ？　入るわよ」

返事も待たず、大家の真佐子さんがいつもと変わらない朗《ほが》らかな笑顔で入ってきました。

「あんた今年も里帰りしないんでしょ？　お正月くらい顔見せに帰んないとだめよ？　まあ、とにかく年越しそば作ったから、食べにいらっしゃい」

「え、いや、でも……」

私が口ごもっていると、真佐子さんは私の背中をバンと叩きました。

「若いもんが遠慮しないの。うちのひと、町内の忘年会で帰らないから、あたしも一人なのよ。ほら、ぐずぐずしない」

強引に、私は真佐子さん夫婦の居室に連れ込まれてしまいました。

真佐子さんの部屋はぽかぽかと暖かく、カラーテレビには紅白歌合戦がきらびやかに映っていました。

しばらく忘れていた、家庭の団欒《だんらん》がそこにはありました。

熱々のおいしい蕎麦《そば》をすすっていると、これまでずっと我慢していたつらさ、さびしさが突然一気に襲ってきて、わたしは自分でも気づかないうちにはらはらと涙を流していました。

ふと、背中になんともいえない温かみを感じて、私ははっとしました。

真佐子さんが、背後から私を抱き締めてくれていました。

「いろいろたいへんよね。若いのに苦労してさ。しんどいことがあったら、これからは、なんでもあたしに相談しなね」

私の複雑な事情をすっかり心得ている真佐子さんは、優しくそう言ってくれました。

私は思わず振り返り、真佐子さんの胸に顔を埋めていました。

「おばさん……！」

「よしよし、いまだけは、あたしがあんたのお母ちゃんだ。うんと甘えていいんだよ」

柔らかな手が、私の髪をなでてくれていました。

真佐子さんの胸は大玉メロンのように豊満で、たゆたゆと私の顔を包んでくれます。

それにふんわりと甘い香りがして、私はえも言われぬ幸福感を味わっていました。

それは母のぬくもりであると同時に、当時まるっきりの童貞であった私にとっては、初めて知る女性の乳房の感触でした。

これが、女のひとのおっぱい……なんて柔らかいんだ。

貧乏であっても、そこは二十歳の青年です。性欲だけは有り余っている年齢ですから、異性の肉体にも興味津々《しんしん》でした。

頭ではそんなこと許されないとわかってはいたのです。しかし若さいっぱいで、そのうえ多少酒も入っていた私は、思わず真佐子さんの乳房をもみしだいていました。セーター越しのバストの感触に、私はうっとりし、同時に猛烈に興奮していました。

「あら！　ちょっと、何してるの、この子は」

真佐子さんが大きな声をあげました。私は一瞬、びくりとしましたが、真佐子さんの声は怒ってはいませんでした。いたずらっぽく微笑みながら、真佐子さんは私を見つめていました。

「ご、ごめんなさい。真佐子さんの胸があんまりふかふかで、つい……」

「ふふっ、甘えん坊さんねえ。こんなおばさんのおっぱいでよかったら、好きなだけさわんなさいな」

思いもかけない真佐子さんの寛大な申し出に、私は一瞬、言葉を失いました。てっきり、叱られると思ったのに……しかしこんなチャンスは二度とないかもしれません。私は思う存分、真佐子さんの厚意に甘えることにしました。

真佐子さんの雄大なバストに私は思うさま顔を押しつけ、右の乳房、左の乳房と手のひらでじっくりとその重さやもちもちした感触を楽しみます。

しかし、それは何重もの布越しの感触でもありました。

せっかくなら、生のおっぱいをじかに見て、さわったり、吸ったりしてみたい。そんな図々しい欲求が、どうしようもなく頭をもたげてきました。

「おばさん、その、ぼく……直接、さわってみたい」

思いきって、私は懇願してみました。真佐子さんはさすがにちょっとだけ躊躇《ちゅうちょ》する様子でしたが、私があまりに必死なのにほだされたのか、くすりと笑いました。

「あらあら、しょうがないボクちゃんだねえ。お母ちゃんのお乳が恋しい年じゃあるまいにさ……じゃあ、ちょっとだけだよ？　誰にも言っちゃだめだからね？」

「うん……誰にも言わないから」

真佐子さんはちょっと照れくさそうにエプロンをはずし、セーターをめくり上げました。ベージュの特大ブラジャーをずらすと、想像したよりはるかなたわわなおっぱいが露になりました。それはまさに、「溢れ出た」という感じでした。

ほんとうに小玉スイカほどもある真っ白なふくらみに、薄紅色のちょっと大きめの乳輪がなんとも淫猥な景色です。寒さのせいか、それとも私に見られて少し興奮していたのでしょうか、乳首の先がピンととがっているのもとてもいやらしいのです。

「すごいや……おばさんのおっぱい、大きい」

私はおそるおそる、生まれて初めて見る裸の乳房に手を伸ばしました。

指がふにゃりと沈み込む心地よい柔らかさに、私は震えるほど興奮していました。

初めておもちゃを与えられた子どもみたいに、私は真佐子さんの乳房を両手でこね回し、もてあそびました。

じきに私の手は、先端で硬くなっている乳首にもふれはじめます。

「あふう……」

さっきまでクスクス笑っていた真佐子さんの顔が、だんだん赤みを帯《お》びて、せつなげな表情に変わっていきました。

「やだよ、そ、そんなふうにスケベなさわり方されたら、おばさんもくすぐったいじゃないさ……」

私はさらに大胆になって、真佐子さんにねだります。

「な、舐めてもいい?」

「もう……ちょ、ちょっとだけだよ」

私はそれはもうガツガツと、真佐子さんの薄紅色の乳首を咥え、赤ちゃんみたいに吸い立てます。母乳の味こそしませんが、口の中でコリコリする乳頭の味は、ほんのりと甘く感じられました。

「あん……ほんと、甘えん坊だねえ。お母ちゃんのお乳、おいしいかい？」

「うん、おいしいよ。ああ、ずっと吸ってたいよ」

私がちゅうちゅうと音を立てて乳首をしゃぶると、真佐子さんもときおり、「うんっ」と小さな声をあげたり、「はあ……」と吐息を洩らしたりするようになりました。

そのうち、真佐子さんは私の下半身へと手を伸ばすのです。

「おやおや、あんた、ここが大きくなってやしないかい？」

言われるまでもなく、私の陰茎はジーパンの中でいまにもはちきれそうなほど勃起して、痛いほどでした。

「おばさんのおっぱい舐めてたら、おっきくなっちゃって……」

「ほら、そんなの脱いじまいな。おち〇ちん締めつけたら、体に毒だよ」

言われるままに、私はジーパンを脱ぎ捨てました。ブリーフの中で私の分身は最大限に怒張し、先っぽにみっともないシミを作っていました。

「パンツも脱いで、ほら」

「で、でも、ぼく、ちょっと恥ずかしいよ。女のひとに、ち〇ちん見せるなんて……」

私が童貞の恥じらいでもじもじしていると、真佐子さんはじれったそうに、私の下着を引きおろしてしまいました。

「ぐずぐず言わないの。おばさんだって、おっぱい丸出しなんだからさ」

天井を向いてぴーんと屹立《きつりつ》している私のペニスを、真佐子さんは目を輝かせて見つめるのです。

「あらまあ、おとなしそうな顔して、ココは荒くれ男じゃないの。太さも長さも、こりゃ上等品ね。先っぽはまだ半分皮かむりだけど、そこがまたかわいいわあ。ほら、おばさんが全部剝いてあげる」

真佐子さんは両手で私のそこをそっと包むと、やさしく包皮を剝きおろしてくれました。思えばそれが、女性に陰部をさわってもらった初体験でした。

それまでもずっと興奮の極みにあった私の童貞ペニスが、こんな刺激に耐えられるはずもありません。

「ああ、おばさんっ！　で、出るうっ！」

叫ぶと同時に、私はあっけなく射精してしまっていました。

おびただしい白い粘液が弾け飛び、真佐子さんの裸のおっぱいにびたびたと滴ります。

「あらあら。まだなんにもしてないのに、イッちまったの？　ほんとにウブなのねえ。

うふふ」

真佐子さんは舌舐めずりせんばかりの表情で、だらしなく精液をたらたら垂らしている私のそこを凝視していました。

「さ、こっちにいらっしゃい。もっとゆっくり、楽しいこと教えてあげるから」

真佐子さんが私を連れていったのは、隣の寝室でした。畳の上には、もう布団が延べてありました。

まだ少しぼーっとしている私を布団にあおむけに寝かせると、真佐子さんは私の足の間に入り、私の男性自身を両手でなで回すのです。

「あ……おばさん、気持ちいいよ」

「うふふ……もっと気持ちいいの、してあげる」

そう言うと、真佐子さんはまだ精液で汚れている私のそこを、ぱくりと口に入れたのです。雑誌の知識で、夜のお店でそういう行為をスペシャルとかおスペとか言うのは知っていましたが、もちろん貧乏学生だった私に実体験はありませんでした。

その心地いいことといったら、私は声も出ませんでした。

真佐子さんの温かい口の中で、べろが別の生き物みたいにぬるぬるとうごめいて、私の敏感なムスコのあらゆる部分を愛撫してくれます。

「んん……おいしい。おいしいわあ、進一くんのおち○ちん。いま発射したばっかりなのに、もうカチカチよぉ……スケベなおち○ちんねえ。ああ、ずーっとしゃぶってたいわあ」

私も、このまま次の射精まで快楽に身を委ねていたい一方で、別の好奇心がわき上がってくるのを抑えきれませんでした。

女性の、いちばん大事なところを見てみたい。

いまと違って、ネットですぐさま女性器の画像が手に入る時代ではありません。当時の私には、これはいち大事の関心事でした。

「おばさん、お願いだよ。おばさんのアソコも見せて。見たいんだ!」

「もう、仕方のない子ねえ……いいわ、じっくりお勉強するのよ」

真佐子さんは体の向きを変え、私のほうにお尻を向けると、私の顔をがばっと跨いでくれました。

私の眼前には、真佐子さんの大きなお尻、そしてその下にぺろりと口を開けた女陰がありました。

白い肌と対照的な、黒々としたお毛々の林の奥に、赤黒い貝の肉みたいな割れ目がはっきりと見て取れました。

おお……これが女のひとのアソコなんだ。

感動しながら、私はそこを指で押し広げてみます。

奥には、ねっとりした粘液を滴らせる、明るいピンク色の粘膜が、まるで私を誘うようにひくひくしていました。

「うふふ、見える？　これが女のいちばん恥ずかしいところよ……」

私は、おずおずとその貝みたいな部分に指でふれてみます。ぬるっとした液が指に絡みつきます。

ぴくっと真佐子さんのお尻が揺れました。

「あんっ、もう、そこは指でいたずらするところじゃないのよ。おち◯ちんを入れるの。どう、おち◯ちん、入れてみたい？」

私は一も二もなくうなずきました。

「うん。入れたい！　セックスしたいよ」

「うふっ、おばさんも、こんなに若くて大きなおち◯ちん見たら、もう辛抱できなくなっちゃった。おばさんが、スケベさんのやり方、教えてあげようね」

真佐子さんはまた体位を変え、私をあおむけに寝かせたまま、私の股間の上にしどけなくしゃがみ込みました。

さっきから勃起しっぱなしの私のものを握り、真佐子さんはゆっくりと上からそれを自分の割れ目に納めていきます。

亀頭が真佐子さんのそこにふれただけで、私は未知の快感に喘ぎました。

真佐子さんも、陰茎が少しずつ入ってゆくたびに、「はあぁ……あふぅ……ううーんっ」と苦しげなため息ともうめきともつかない声を洩らします。

「はああん、ほら、見える？　ち○ちんと、おばさんのおま○ちょがつながっちゃったよ。ほら、もっと根元まで、ずぶって入れちゃおうね……あああ……大きいのねえ。おばさんのお腹の奥まで届いちゃう。お口でされるより、もっと気持ちいいでしょ？」

「うん、うん……これがセックスなんだね。ああ、ち○ちんが溶けちゃいそうだよ。女のひとのおま○ちょって、こんなに気持ちいいんだ」

真佐子さんは私の胸に手をついて、ゆるやかに腰をグラインドさせました。そうすると、ねっとりした膣に包まれた私のものに、さらなる快感が加わるのです。

「ほら、こうやって、ち○ちんとおま○ちょをこすり合わせるの。たまんないでしょ？んんーっ、すごいわ。進一くんの、スリコギみたいにカチカチで、おばさんもどうにかなっちゃいそう……ああ、いい、いいわ。若いおち○ちんって、やっぱりいいのねえ」

真佐子さんの腰の動きは次第に大きく、速くなっていきます。動きに合わせてたわわなお乳もふるふると揺れて、その光景がますます快楽を高めてくれます。

「ああ、ああ、たまんないわ。ねえ、おっぱいもさわって。乳首きゅってして……ああ、そうよ、おま○ちょもおっぱいも、どっちも感じるの。おお……来るぅ。ああん、どうしよう、おばさん、止められないわっ」

口の端からヨダレを垂らしながら、真佐子さんは狂ったようにお尻を上下動させます。初体験でこんな激しい責めをされたら、童貞はひとたまりもありません。

「あーっ、また、また出ちゃうっ！」

「いいわ、いいのよ……ガマンしないで、おばさんにちょうだい！　おばさんの中で、おもらししていいのよぉっ！」

わたしはまたしても、あえなく果ててしまいました。真佐子さんのアソコ奥深くまで咥えられたところで、私はピクピクと体を痙攣させ、精液を噴き出してしまいます。

私の絶頂を感じ取って、真佐子さんも快楽に酔いしれていました。

「ああ、うれしい。男の子のエキス、いっぱい出てる……かわいいわあ」

じきに真佐子さんは、さすがに精根尽き果てたのか、ぐったりと私の上に倒れ込んできました。

まだ挿入したまま、私たちは抱き合って、しばらく余韻《よいん》にひたっていました。

「どうだった、初めての女の味は……満足できた？」

「うん、ありがとう、おばさん。おばさんは？」

とろんした顔で、真佐子さんは私にささやきました。

「ふふ……おばさんも、ひさしぶりにたんのうしちゃった。もうクタクタで、足腰立たないわよ。どうしようかしら、お正月早々……」

ところが私はといえば、まだ欲求がおさまりきっていませんでした。合体したままのペニスは、萎《な》えるどころか、依然雄々しく突っ張ったままなのです。

「おばさん、ぼく、まだし足りないよ。もう一回、してもいい？　今度は、ぼくが上になってやりたいな」

これには、さしもの真佐子さんもあきれ顔になりました。

「ちょっと、あんた、いくらなんでも絶倫すぎよ。ちょっと休まないと、おばさん、ほんとうにおかしくなっちゃうわよ」

しかしそのときの私は、性欲の権化《ごんげ》でした。

ぐるりと体位を入れ替えて、正常位のかたちになった私は、真佐子さんの豊満な乳房を唇でもてあそびだしました。

赤ちゃんみたいに乳首を吸いながら、ゆっくりと自分からペニスを動かすと、真佐子さんからしてもらうのとはまた別の快楽が味わえました。

「ああ、おっぱいおいしいよ……おま○ちょも気持ちいい。こんなの、止められないよ、おばさんっ」

「はああんっ、も、もう堪忍して……ああすごい。何回できるのぉ？　あっ、あっ、そんなに動かしちゃだめよぉ。覚え立てのクセに、激しいんだから……ああん、いいわ、好きなだけしていいから。そのかわり、もうおばさんはやめてね。これからあたしのこと、『お母ちゃん』って呼ぶのよ。あたし、進一くんのお母ちゃんになってあげるから」

それは、私にとっても異論のない申し出でした。

真佐子さんの乳房に顔を埋め、狂ったようにピストンしながら、私は叫びました。

「大好きだよ、お母ちゃん！　お母ちゃんのおま○ちょ、いい気持ちだよっ！」

「うん、これから毎日、お母ちゃんとスケベしようね。溜まったもの、全部お母ちゃんが受け止めてあげるから……あんっ、あんっ、いいっ……イク、イクぅ……お母ちゃん、イックぅーっ！」

その年明けから、私の学生生活はずいぶん改善しました。

まず食事です。昼となく夜となく、真佐子さんは私に精力のつく食事をあてがってくれるようになり、私は空腹に悩むことはなくなりました。たたでさえ安い家賃も、真佐子さんがへそくりからこっそり立て替えてくれるようになりました。

その代償は、言うまでもなく真佐子さんとの性交渉です。ほとんど毎晩、真佐子さんはこっそりと私の部屋を訪れて、私の精液がカラになるまでまぐわいつづけました。

そんな関係は、私が大学を無事卒業して、就職するまで続いたでしょうか。実家とはその後も変わらず疎遠《そえん》な私でしたが、真佐子さんは私の青春時代を支えてくれた、文字どおりの「お母ちゃん」でした。

私もそろそろ定年退職を迎える年になりましたが、最近ふと、あの薄暗い四畳半と、やさしく淫らな「お母ちゃん」をなつかしく思い出すことが多くなった気がします。

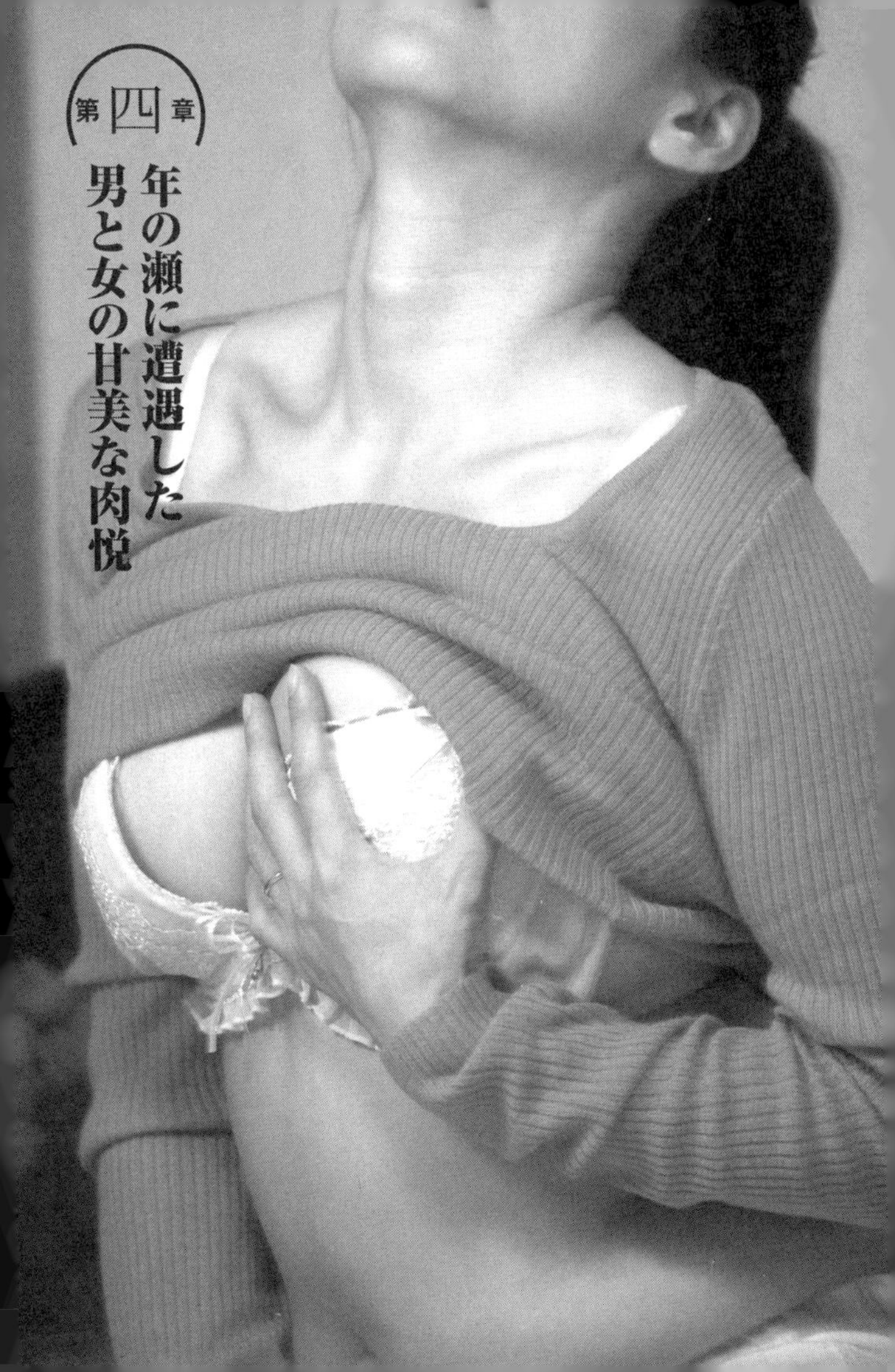

第四章

年の瀬に遭遇した男と女の甘美な肉悦

思春期の従姉と共有したエッチな秘密
四半世紀を超えた背徳の近親相姦！

高木裕一　会社員・四十五歳

私には、実の姉弟のようにして育った、一つ年上の従姉がいます。

彼女の母親と私の父親が姉弟です。同じ敷地にそれぞれの家が並んで建っていて、屋根つきの渡り廊下のような通路で、お互いの家を行き来できるようになっていました。お互い一人っ子だったので、よけいにいっしょに遊ぶ時間が多かったんです。

従姉の名前は麻由美《まゆみ》というので「マーちゃん」、私は裕一《ゆういち》なので、「裕くん」と呼び合っていました。いまになって思えば、ほんとうによくかわいがってくれたマーちゃんが、幼いころから好きだったのでしょう。それは隣に住んでいる親戚のお姉ちゃんとして慕《した》っていただけではなく、私が初めて意識した異性だったんだと思います。

私の思いは、二人が成長するにつれて募っていきました。

そして、私が中一、彼女が中二のときに、いまでも忘れられない「事件」が起こったんです。年の暮れの寒い時期で、学校はすでに冬休みに入っていました。

私たちは小さいときから、しょっちゅう隣の家で晩ご飯を食べていたんです。それが私たちが中学生になっても続いていたんです。

その日は、マーちゃんがうちにきて、晩ご飯も終わり、彼女と向かい合わせでこたつに入ってテレビを見ているときでした。母親は台所で洗い物をしていました。父親はお風呂に入っていたような気がします。居間には二人だけでした。

テレビがCMになったので、私は「うーん」とこたつの中で足を伸ばしたんです。すると、足の裏にムニュッという、なんともいえない柔らかい感触が伝わってきて、それと同時に「あっ」というマーちゃんの小さい声が聞こえたんです。

ええ、スカートをはいていたマーちゃんの太腿の間にすべり込んだ私の足が、彼女の股間の柔らかい肉に密着して、押し込んでしまったんです。

そのまま私はしばらくの間、時が止まったように身動きできず、それからハッと我に返って、ゆっくりと足を引きました。彼女は何も言いませんでしたが、盗み見るように視線を投げると、顔を紅潮させて、見たことのない表情をしていました。

年が明けて、冬休みの後半に同じような状況がやってきました。二度目は確信犯でした。女の子座りでお笑い番組を見て笑ってるミーちゃんの脚の間を狙って、私はゆっくりと足を伸ばしたんです。温かい太腿をなでて足の裏が股間に密着しました。マーちゃんは「え?」というように目を見開いてから、何も言わずにジッとしていました。私は彼女から目をそらし、足の裏をグイグイとこすりつけました。やはりそれは、この世のものとは思えないほど、エッチで興奮する感触でした。

マーちゃんは黙ったまま頬から首筋まで赤く染めて、「はぁ、はぁ」と荒い息をしていました。私はまずいと思いながら、やめることができませんでした。ペニスは痛いほど勃起して、亀頭が剝き出していました。私はさらに大胆に足をこすりつけました。パンティがどうなっているのか探るように、足の指まで動かしたんです。

それでも何も言わずにジッとしているマーちゃんでしたが、ときどきビクビクと肩をふるわせているような気がしました。私が夢中でパンティ越しの割れ目を親指でなぞっていると、母親が部屋に入ってきたので、サッと足を引っこめました。

「おばさん、ごちそうさま。私、そろそろ家に戻るね」

立ち上がったマーちゃんは、私の耳元に顔を寄せてこうささやいたんです。

「ねえ裕くん、もう、こんなこと……やめて」

マーちゃんはイヤだったんだ。私は自分を責めました。こんなことを続けていたら嫌われてしまう。そう思って、私は彼女への思い、恋愛感情と性欲がない交ぜになったような気持ちを押し殺しました。ただ、そんな私をからかうように、目の前の従姉はどんどん女らしく、きれいになっていったんです。

私たちの実家は、東北と北関東の境い目の街にあります。

高校を卒業した私は、東京の三流私大に進学して、地元から逃げるように上京しました。その後は、そのまま東京で就職して、何度も転職を繰り返しました。何もしないうちに、ただ時間だけが過ぎ去り、独身のままフラフラと生きてきたんです。

それに比べてマーちゃんは、地元の名門女子大から、やはり地元でいちばんの企業に就職して、そこで知り合った人と三十歳のときに結婚しました。二人の子どもにも恵まれて幸せな家庭を築いています。一人娘ですから両親の面倒を見ることも考えているのでしょう。実家を三世代で住めるように増築して六人家族で同居しているんです。

そして、それは三年前の暮れ——私が久しぶりに、帰省したときのことでした。そのとき私は四十二歳、マーちゃんは四十三歳でした。

晩ご飯のときは隣の家族も集合して、それはにぎやかなものでした。するとと夜遅く、私が一人でテレビを見ながらちびちび酒を飲んでいると、セーターにフレアスカートの部屋着で、マーちゃんがうちにやってきたんです。

「私にもちょーだい」と、二人きりでこたつに差し向いで飲むことになりました。

「ねえ、裕くん、帰ってきたの何年ぶり？」

「うーん、三年、四年……忘れちゃったなぁ」

「おじさんもおばさんも心配してるんだから、もうちょっと帰ってきてあげなよ」

「そうしたいとは思ってるんだけど、もう結婚もできそうにないし、合わせる顔がないよ……」

「男の四十二なんてまだ遅くないわよ。誰か、いい人いないの？」

私がそんな話題に困っていると、こたつの中であぐらを組み直した足が、ふとマーちゃんの膝にふれました。女の子座りで深く腰かけているようでした。その瞬間、私の頭の中に、中一のときの「事件」が昨日のことのように浮かんできたんです。

「まあ、結婚も子育ても、楽しいだけじゃないんだけどね」

「え、そうなの？　マーちゃんは、すごく幸せそうに見えるけど」

私はそんな話をしながら、酒の酔いも手伝って我慢できなかったんです。彼女の両脚の間に足を伸ばすと、あのときを彷彿《ほうふつ》させるムニュッという感触に密着しました。

マーちゃんの全身がビクンと弾みました。

私は足の裏を恥骨からヴァギナに押し当て、圧迫しながら尋ねました。

「覚えてる？」

マーちゃんは耳まで赤くして、こう答えました。

「私たち、もう中学生じゃないのよ」

たしなめるような口調でしたが、あのときと同じようにジッとしていました。いまでは私もそれなりに知っている女性器の構造を思い浮かべ、足の親指でクリトリスあたりをこね回していきました。マーちゃんは困惑した表情をしていました。

執拗に足の親指で愛撫を続けると、マーちゃんの息遣いが狂おしくなりました。切なげな表情も、どんどんエロティックになっていくのがわかりました。

「マーちゃん、感じてるの？」

「どうして、そんなこと言うの？　恥ずかしいでしょ」

うるんだ瞳でそう言うと、とうとうマーちゃんはジッとしているだけでなく、自分からクイクイと腰を動かして、私の足の指に女の部分をこすりつけてきました。

「あのときも、ほんとうは……感じてたの？」

「怖かったの……裕くんにあれ以上されたら、最後までしちゃいそうで」

私のズボンの中では、ペニスが思春期に戻ったように、痛いほどカチカチになっていました。思わず私はこたつを抜け出し、マーちゃんのほうに歩み寄りました。

彼女は正座に身構えて、驚いたように私を見つめていました。

「ダメよ、もう私、結婚してるんだから」

そんな言葉など聞こえないというように、私は彼女をギュッと抱き締めました。

「ね、お願い、やめて」と、しばらくの間、私の胸を両手で押し返すように拒否していたマーちゃんですが、そのうちにフッと全身から力が抜けたんです。

すかさず私は、彼女の肩を抱きよせるようにして、唇を重ねていきました。するとマーちゃんは「はふぅ」と吐息を洩らして、やさしく受け入れてくれたんです。すぐにお互いの舌が口の中を行ったり来たりして、ねっとりと絡みつきました。

サラサラの髪の毛をなでつけ、喉元や耳の周りを舐め回しながら、セーターの胸にさわると、ムニュッという乳房の柔らかさがはっきりと伝わってきました。

「どうして、ノーブラなの？」

「だって、もうお風呂入ったし。寝るときはいつも……きゃっ」

私はたまらずセーターの中に両手を突っ込んで、下に着ていたキャミソールの上から、ムニュッ、ムニュッと量感たっぷりの乳房をもみ込みました。

「そ、そんなに……」とうなじまで染めるマーちゃんに興奮した私は、キャミソールの中に右手を這い上がらせて、直接、乳房を愛撫していきました。

「あぁ、裕くん、やっぱり恥ずかしいよ……」

手のひらに余るほどのたわわな乳房は、しっとりと湿って、垂涎《すいぜん》の柔らかさでした。

私が夢中でもみ込んでいると、指先にプルッとこり固まった乳首がふれました。その女らしい突起を、私は中指と人差し指で弾くように愛撫しました。するとマーちゃんの肩がビクビクと震えて、「はぁぅん」とエッチな吐息が洩れたんです。

私は左手もキャミソールの中に忍び込ませて、両方の乳首をつまんでクリクリとこね回しました。マーちゃんは、「あッ」「だめェ」と発しながら、私の肩を両手でつかんで、やや膝を開いた正座の下半身を前後に動かしていました。

「乳首、敏感なんだね、マーちゃん」

「やめて、裕くんが、そんなこと言うなんて……」

キャミソールをまくり上げると、まるまると豊かな乳房がブルンと姿を現しました。

「イヤッ、見ないで！」

あわててマーちゃんがキャミソールを引きおろそうとしたので、私はその手を押さえて、ピンピンに硬くなった乳首を口に含んでしまいました。「ヒッ」というマーちゃんの声がしました。そのまま舌で転がすと、その声が訴えてきました。

「裕くん、そんなの……イジワルだよ」

唇を大きく広げて乳輪に吸いつきながら、続けざまに舌で乳首を弾き上げました。柔らかい乳房を両手でもみしだきながら、左右の乳首を交互にしゃぶりつづけました。

「ダメ、か、感じちゃって……ああっ」

マーちゃんの全身がビクビクと痙攣して止まらなくなりました。

私はもっともっと感じさせたくて、乳首の愛撫を続けたまま、右手をおろしてフレアスカートの中に差し入れました。ムンと温かい空気が充満していました。

「ちょ、ちょっと待って」と言うマーちゃんの声を聞きながら、私はすべすべの太腿をなで上げ、間髪を入れずにショーツの中に指を入れてしまいました。乳首を吸引しながら陰毛をなで、またたく間に指先はクロッチの内側に達していました。

「ど、どうしよう、裕くん、そんなとこ……」

弱々しく訴えてきたマーちゃんのヴァギナは、ゾクッとするほどぬかるんでいました。中指と薬指でその感触を確かめながら、耳元でささやきました。

「マーちゃん、ヌルヌルだよ」

「いやッ、言わないで！」

マーちゃんが私の右手首を両手で握って、髪を振り乱しました。私の指先に当たっている米粒ほどのクリトリスは、コリッとこり固まっていました。中指の腹を押しつけたまま、グルグルと回転させると、彼女の反応が大きくなりました。

「イヤイヤ、そこっ……あっ、いっ！」

私は手首から先をブルブルとふるわせて、激しくクリの愛撫を続けました。指先で下から小刻みに弾き上げ、こね回しながら、再びささやきました。

「ここのほうが、もっと敏感なんだね」

ビクンと彼女の体が跳ね上がりました。すねたように「ほんとにイジワル」とつぶやき、私にしがみついてきました。私は指をさらに動かしました。

「ひぃッ、ダメーっ……イクッ！」

私にしがみついた女らしい肢体が、何度も何度も痙攣しました。私の愛撫でマーちゃんがイッたんです。実の姉弟のように育って、幼いころからあんなに好きだった従姉のお姉ちゃんが、私の指でこんなに感じてくれたんです。何か夢のようで私がしばらくの間、呆然としていると、マーちゃんが言いました。

「裕くん、ちょっと立って」

言われるままに立ち上がると、彼女は恥ずかしそうに微笑みました。

「今度は私が……口で、してあげる」

彼女がベルトをはずしズボンをおろすと、トランクスがテントを張っていました。

「ああん、もう、こんなになってるよ」

女らしい指がウエストのゴムを引っぱり下げると、ビンとペニスが弾み出ました。

「あぁ、これが裕くんの……すごく立派だね」

私は緊張して突っ立ているしかありませんでした。すると、マーちゃんがゴクッと小さくノドを鳴らして、亀頭を舐め回したんです。それから裏筋、カリ首、尿道口まで、突き出した舌をヌラヌラ、ネロネロと這い回らせてきたんです。

「うぅっ、マーちゃん」

ペニスの快感が背筋を駆け巡り、私は腰がガクガクと震えました。彼女がそんなにエッチな舐め方をするなんて想像もしていませんでしたから、凝視していました。

「あんまり……見ないで」

そう言って今度は、下半身をさらけ出した私の太腿を両手でつかむと、膝立ちになって、手を使わずに上からすっぽりと亀頭を咥え込んでいったんです。艶々の唇にカチカチのペニスが、根元まで呑み込まれていきました。生温かい口の中で、舌がカリ首をえぐり、亀頭に絡みついてきました。私は腰が抜けそうでした。

「あッ、うッ、気持ちいぃぃ」

私は快感に身悶えながら、自分の太腿をまさぐるマーちゃんの手を握って、グッと脚を踏ん張りました。すると彼女がピストンの動きでペニスを口に出し入れしはじめたんです。ジュルッ、ジュルッと吸い上げるような音を響かせ、濡れた唇でしごいてきました。泡立つ唾液が裏筋を伝わり、陰毛、睾丸にまで流れていきました。大胆すぎる口唇愛撫は、そのまましぼり取ろうとするように激しさを増していきました。

「うぐ、あぅ、そ、そんなにされたら……」

私がうめくように言うと、マーちゃんがチュポッと口からペニスを抜きました。

「いいのよ、このまま口の中に出して」

「やだよ、ちゃんと……マーちゃんとしたい」

私はわがままな子どものように言って、マーちゃんを畳の上に押し倒しました。

「乱暴にしないで」という彼女から、スカートとショーツを奪い取りました。それで二人とも下半身だけすっぽんぽんという恥ずかしい格好になりました。

「裕くん、何してるの？　やめてッ、イヤだって！」

私はマーちゃんをマングリ返しの格好にしていったんです。両膝の裏を手で持ってググッと持ち上げると、体が丸まり、丸いヒップが天井を向いて、両足が頭の上まで伸びていきました。そして、浮き上がった背中を腹で支えたんです。

「やめて……恥ずかしすぎる」

マングリ返しをさらに押し込み、両膝の裏をつかんで左右に広げていきました。マーちゃんの脚がVの字に広がり、羞恥に染まる顔がのぞいてきました。太腿が開くに連れて、乳房、下腹部、陰毛……ぱっくりと口を開けた小陰唇が現れました。

「うぅ、これがマーちゃんの……すごいエッチだ」

「やめて裕くん、こんな、丸見えじゃない」

ヴァギナの向こうでイヤイヤと首を振るマーちゃんを見つめながら、私はゆっくりと彼女の股間に顔を近づけていきました。舌を突き出して、右側、左側と、大陰唇と小陰唇の間の溝を舐め上げました。小陰唇の内側を舌先で舐め回しました。

「あくぅ……い、いやらしい」

狂おしい息を洩らしながら、マーちゃんは私のクンニをジッと見つめていました。その視線を意識しながら、小陰唇をさらに広げてクリトリスを剝き出しました。

「これがマーちゃんの、いちばん敏感なところだよね」

「どうして、そういうこと……ああッ、いきなり、ひぃぃッ！」

米粒ほどの粘膜の突起を、何度も舌で弾き上げました。そのたびにマーちゃんが、「ハウッ」「あくぅ」と声を洩らし、ヒップをふるわせました。私はクリトリスをしつこいほどに舐めつづけ、ジュルジュルと音を立ててたっぷりの愛液を吸い上げました。

固まりきったクリトリスを親指と人差し指でつまんだまま、膣口に舌を埋め込んで、グチャッ、グチャッと突き入れました。肉の突起を指で振動させながら、とがらせた舌でおしっこの穴からアナルまで、ぬかるみを掻き回すように舐めつけました。

マーちゃんがビクビクと痙攣を繰り返しながら、髪を振り乱しました。

「ダメダメ、やめて……イッ、また、イッちゃう！」

私がピタリとクンニをやめると、彼女の全身からフウッと力が抜けました。

「お願い、裕くん、もう……入れて」

とうとうマーちゃんが自分から挿入を懇願してきたんです。私は彼女のマングリ返しを解放すると、セーターとキャミソールを脱がせて全裸にしました。

「入るところいっしょに見たいから、座ったまま脚を広げてよ」

「いやよ、そんなの」と言いながら、マーちゃんはこたつに背中を寄りかからせて、膝を立ててM字に脚を開いてくれました。私も全裸になってその正面に座り、さわっていなかったのに勃起したままのペニスをMの中心に近づけていきました。

「はぁ、はぁ、ほんとうに裕くんと……エッチするんだね」

亀頭でヴァギナをグチュグチュとえぐりながら、膣口に先っぽを固定しました。

「入れるよ……よく見てて」

うつむいたマーちゃんが、「うん」と息を呑んで見つめていました。

ヌメリ、ヌメリと亀頭が膣の中に埋まっていくと、彼女は「ああっ」と発した口を押さえて、イヤイヤと髪をゆらしました。私はできる限りのスローピッチで出し入れを繰り返しました。そうすると、うごめく膣粘膜の様子がよくわかりました。

「くうぅ、気持ちいいよ、マーちゃんの……」

二人がのぞき込む股間の合わせ目で、VTRのスロー再生のように、なまなましい挿入シーンが何度も繰り返されました。ジッと見つめるマーちゃんの表情は、熱にうなされたようにほてっていました。喘ぎ交じりの狂おしい声が聞こえてきました。

「あぁ、こんな……いやらしくて、おかしくなっちゃうぅ！」

私は尻の筋肉に力を入れて、徐々にピストンのスピードを上げていきました。丸見えの挿入シーンは、亀頭の先から根元までが出入りし、溢れた愛液がグチャッ、グチャッと音を響かせる、激しい突き入れの連続になっていったんです。

「そ、そんなに……あぁッ、あぁーっ！」

幼いころから思いを寄せていた従姉のマーちゃんと、まさかその歳になってセックスできるとは思ってもいませんでした。私は喜びと興奮でまたたく間に射精の予兆を覚えていました。心の中で叫びました。もっと、マーちゃんに入れていたい！

「マーちゃん、後ろからも入れたいから、こたつの上で四つん這いになって」

「恥ずかしいって、そんな格好」と言いながら、また願いを聞いてくれました。こたつの上で四つん這いになった彼女に、足を踏ん張り立ったまま突き入れました。

「あっ、あぁぁっ、これ、奥までくるぅ！」

「くうぅ、締まるよ、マーちゃん……このまま中に出すからね」

「うん、出して！　裕くんの精液、いっぱい出して！」

むっちりと丸いお尻の肉をもみくちゃにしながら、ぶつけるように出し入れしました。腰を振りながら、私は頭の中が真っ白になっていったんです――。

そうして私は、ようやく大好きな従姉の呪縛から解き放たれたようです。遅ればせながら、結婚相談所に入会してまじめに婚活をして、気立てのいい女性と巡り合うことができました。二年間つきあって、去年、籍を入れました。

同い年なので子どもは期待していませんが、一生いっしょに暮らせると思います。

そして、彼女も了承してくれたので、近く実家に戻ろうと思っているんです。

実の姉弟のようにして育った従姉のマーちゃんは、私の嫁も義妹のようにかわいがってくれるでしょう。知らない土地で、嫁もさびしくないと思います。

ハローワークで憧れの熟年男との邂逅 師走の夜に性春を取り戻す感涙SEX

安藤真由美　秘書・四十一歳

五年前、浮気を繰り返していた夫とやっと離婚ができました。

解放感と喜びに包まれたのは数日間だけで、すぐに、日々暮らしていくためにはある程度の収入が必要だ、という当然の現実と向き合わなければなりませんでした。詳細は省きますが、元夫は慰謝料など望めないタイプの人間でした。

職業安定所に出向いたのは、都心を強烈な寒波が襲った十二月の寒い日でした。

安物のコートの襟を立て、薄いマフラーがほとんど役に立たなかったのを覚えています。駅から職安に向かう途中、強い北風が吹いており、将来への不安をあおられているような気がしたものです。

偏見などはありませんが、職安の中には、希望が潰《つい》えたような、あまり表情の明るくない人々が大勢いました。私もきっとこんな顔なのだろうと思うと気が滅入りました。

番号札を持ち、パイプ椅子に座って呼び出しを待っていると、隣に男性が腰かけてきました。まだソーシャルディスタンスなどの言葉が生まれる少し前のことです。

「失礼」

そのとき違和感を覚えました。隣に座った男性の声に聞き覚えがあったような気がしたのです。

失礼にならない程度に横を向き、男性の顔を見ました。

「すみません、後藤《ごとう》さん……じゃありませんか？」

「えっ？」

驚いた男性が私を見つめました。

「もしかして、安藤《あんどう》さん？」

相手もすぐに気づいてくれました。大学のとき、同じサークルで仲のよかった男性だったのです。

「なつかしいなあ。お元気ですか？」

「……元気です。あんまりこんなところでお会いしたくなかったですね」

私が自虐的に小さく笑うと、後藤さんも微妙な表情をしました。

「たしかに……同窓会には不向きなところですね。あれから二十年近くか……ご結婚されたと聞きましたが。ずいぶん前だけど」

「離婚したんです。それで……」

後藤さんは察してくれたようで、「ああ……」と小さくつぶやきました。

世間話をするような環境ではありませんが、わたしは小声で離婚に至った話をしました。後藤さんも小さな声でうなずいていました。

私の番号が呼ばれ、「では」と挨拶して立ち上がり、求職窓口に向かいました。

四十分ほどだったでしょうか、窓口の男性は親身に相談に乗ってくれましたが、率直にすぐに決めたいような職業はありませんでした。ぜいたくを言っていられないのはわかりましたが、もう一度考え直しますと言って私は席を立ちました。

それとなくほかの求職窓口を見ましたが、後藤さんの姿はありませんでした。

速やかに面接の段取りを決めて帰ったのだと思いました。

「安藤さん、お疲れさま。首尾はどうでしたか？」

職安の出口でコートの襟を立てたところで、不意に後藤さんの声が聞こえました。

「よけいなお世話だけど、ちょっと気になって、待ってました」

「まあ、わざわざ……」

ロマンチックな気分になれるところではありませんが、やはりうれしいものでした。数日ぶりに少し笑ったような気がしました。

「せっかくだし、時間があればお茶でもしませんか？」

そのときの私は、お茶代も節約したい気分でした。それが顔に出たのでしょう。

「お茶代ぐらい出しますよ」

後藤さんはわかりやすい苦笑いを浮かべました。私は甘えることにしました。同病相憐《あわ》れむといいますが、不幸なのは自分だけではないと思うことで、少し気が晴れるかもしれないと考えたのです。

すぐ近くにチェーンのコーヒーショップがあり、そこに入りました。

「今日はいちばんの寒さらしいですね。温かいところに入るとホッとする」

温かい室内で向かい合い、初めて後藤さんを見つめました。

そして違和感を覚えました。率直に言って、着ているスーツといい、椅子にかけたコートといい、とても職探しに通うようなものではない高価な仕立てだったのです。

二人ともホットコーヒーだけでした。後藤さんは温かさを求めるようにしみじみとコーヒーに口をつけると、どこか申し訳なさそうに自分のことを語りました。

後藤さんは、求職に来られたわけではなかったのです、三十歳のときに興《おこ》した事業が軌道に乗り、職安には求職ではなく、求人の申し込みに来ていたのでした。

私は落ち込み、うつむいてしまいました。同病相憐れむどころか、はっきりと、あっち側とこっち側に別れていたのです。

「あんまり話したくないかもしれないけど、安藤さんのことも聞きたいな。今日の職探しでは、何か武器はあったんですか？　資格とかキャリアとか」

私の気持ちに反して、後藤さんはあけすけにそんなことを聞いてきました。

問われるままに、私は大昔に取った資格を述べました。後藤さんは、ふんふんと聞いていました。

「よし、採用です」

「え？」

「ここに入るとき言いませんでしたっけ？　これ、面接ですよ」

「聞いてないわよ、そんなこと」

私は大声で言ってしまい、周囲の注目を集めてしまいました。ですが私の満面に浮かぶ笑みで、修羅場ではないとわかったのか、周囲はすぐに関心をなくしました。

「でも、私の資格なんて、もう古くて……いろいろ忘れてるし」

「勉強しなおせばいいじゃないですか。それも私の投資です」

驚きと喜びと安心感で、私は両目に涙を浮かべていました。

後藤さんは、コホンと咳払《せきばら》いしました。

「大学のとき、ぼくは安藤さんが、ちょっと気になっていました」

「うふ、知ってます。私もでした。でも、あのとき彼女がいらっしゃいましたよね」

そのときの彼女が、現在の奥さんとのことでした。

「あのとき、強引に二人に割り込んじゃえばよかったわ」

かなり本気で、そんなことを言いました。

「いまから割り込んできますか？　こっそりと」

なんと、後藤さんは、テーブルの上の私の手を、そっと握ってきたのです。

「それが、採用の条件ですか？」

私は表情を堅くして聞きました。後藤さんはあわてて私から手をどけ、

「おっと、そういうわけじゃありません。誤解を与えたら失礼」

私は笑みを戻して、逆に後藤さんの手を自分の手で包みました。

「いいです。社長。採用ありがとうございます。どんなご命令でも従います」

私たちは店を出ました。とたんに息が真っ白になりました。

コートのポケットに手を入れた後藤さんに、私は腕を絡ませました。

身を切るような寒さでしたが、心はポカポカと温かくなっていました。仕事が見つかったことと、なつかしい旧友に会えたこと、そして危険なロマンスの香りまでただよっていたことで、ほんの二時間ほど前とは大きく状況が変わっていたことに驚くばかりでした。現金なもので、街を彩るクリスマスのイルミネーションまで、私を祝福しているように感じたものです。

腕を組んだまま、後藤さんは駅に向かわず、コインパーキングに向かいました。彼はドイツ製の高級車に乗っていました。

二十分ほど車を走らせると、リバーサイドのラブホテル街に近づきました。

その一つに入り、緊張の面持ちでパネルを見つめました。かなりの部屋が埋まっていました。

「来週はクリスマスウィークだからね」

空いている部屋に入りました。こんな状況は久しぶりだったので、四十歳を越えているのにドキドキしたものでした。

部屋に入ると、後藤さんは私と向かい合い、両手で二の腕をつかんできました。

「あらためて。再就職おめでとう、真由美《まゆみ》さん」

「ありがとうございます、後藤君。がんばります」

そうして顔を上げ、私たちはキスしました。

「いまのキスが契約の証だよ」

ロマンチックなのか古くさいのかわからず、私はあいまいに笑みを浮かべました。

後藤さんは両手で私のコートを脱がせ、ソファの背もたれにそっとかけました。

その下のハイネックのセーターの上から、後藤さんは私の胸にふれてきました。

「二十年ぶりに告白します。安藤さんの胸、大きいから、ずっとさわりたいと思ってました」

「うふふ、じゃあ二十年越しの悲願達成ね。採用のお礼に、差しあげますわ」

私は自分の言葉に、年がいもなく甘ずっぱいものを感じてしまいました。

「……安藤さん、いまの立場や歳を忘れよう。ぼくたちは、二十一歳のあのときに戻ったんだ」

職安を出たころから感じていた非日常感が強まりました。

「わかったわ……後藤君。うふ、カノジョがいるのに、悪い人」

現在は妻となったカノジョと二人のお子さんがいるので、あのときよりも社会的罪状は重いでしょう。しかし私たちは、甘いタイムトリップに酔っていました。

あのとき私はまだ処女でした。最初の男性が後藤さんになることを何度も夢想したものでした。もともと暗示にかかりやすいのか、それを思うだけで、胸が締めつけられるように切なくなり、股間が熱くなるのでした。

両手をバンザイし、セーターを後藤さんに脱がしてもらいました。結婚以来、元亭主にこんなことをしてもらったことは一度もなく、それだけで心がときめきました。

スカートのホックとファスナーをはずされ、スカートは床に落ちました。

ちょっと恥ずかしくなり、黒いストッキングに包んだ脚をX脚にしていました。

「……恥ずかしいわ。こんなことなら、もっといい下着を着けてくるんだった」

「そりゃ難しいね。職安に勝負下着で来る人なんていないないでしょう」

後藤さんはからかうように言いました。

「……後藤君も、脱いでよ」

かつての同級生の口調で、私は言いました。

「じゃあ、振り返ってストッキングを脱いでてください。その間にぼくも脱ぎます」

背中を向けるのは別種の不安がありましたが、言われたとおりに私は後ろを向いてストッキングを脱ぎました。はいていたのはピンクの花のあしらいのある白いパンティと、おそろいのブラジャーでした。

「ぼくは脱ぎましたよ。こっちを向いてください」

おそるおそる振り返ると、わずかの間に後藤さんは素っ裸になっていました。男の人のシンボルはいきり立ち、まっすぐ上を向いていました。

「まあ……目のやり場に困っちゃう」

下着姿の私に近づくと、後藤さんは抱きつくように私の背中に両手を回し、ブラジャーのホックをはずしました。

そうして、ものの数秒間も、私の剝き出しの乳房を見つめるのです。

「ずいぶんきれいなおっぱいですね……ほんとにまだ大学生みたいだ」

「たぶん、私が、子どもを産んでないから……」

元亭主は子どもを望んでいませんでした。私の兄と姉がそれぞれ両親に孫を見せており、正直それほど責任を感じずにいました
後藤さんは素っ裸、私はパンティ一枚で、立ったまま強く抱き合いました。

「……ここを、サークルで使ってたB教室だと思ってごらん。仲間はまだ誰も来ていない。ぼくたちはこっそり裸で抱き合ってる……」

そんなことを耳元で言うのです。

「ああ、ドキドキする……後藤君のカノジョが来たらどうするの？」

調子を合わせているだけなのに、何かほんとうにあせっていました。そして、スリルを楽しんでいました。

抱き締められたまま、パンティの上からお尻をなでられると、ゾワゾワと背筋から寒気が昇ってきました。ですがそれは心地よい寒気でした。

ラブホテルの室内にも、あまり高価でないクリスマスのイルミネーションがディスプレイされており、どの角度を見ても星のようにまたたいていました。

「ああ、二十年ぶりに真由美さんのお尻をなでられる日が来るなんて」

「ううん、この二十年はなかったの」

下の名前で呼ばれたことは、あえてスルーしました。

「真由美、ベッドへ」

静かな緊張感を高めつつ、私はベッドに横になりました。

「真由美、パンティ、脱がすよ」

低い声で言うと、後藤さんは両手を私のパンティにかけ、ゆっくりと下げていきました。

「ああ、恥ずかしい……」

私は両手を重ねて性器の上に置き、消極的に股間をかばいました。

「ほら、手をどけて。よく見せてくれ」

優しい声で言い、私の手をそっとどけ、ゆっくりと両脚を広げさせられました。

「ああっ、いやっ……」

生ぬるい感触が性器を襲い、後藤さんが股間を舐めたのだとわかりました。電流を流されたような感覚が全身を襲い、私は大きな声をあげてしまいました。

「真由美のオマ○コ……すごく、おいしいよ。ずっと、舐めていたい」

そんな言葉を、いちいち区切りながらゆっくり言うのです。

顔を性器から離し、後藤さんは私におおいかぶさるように上から見つめてきました。

「真由美、入れるよ」

「やっ……優しくして」

芝居っ気抜きに、本気でそんな言葉が口から出ていました。

「んんっ……あああ」

性器に後藤さんのペニスがふれ、ゆっくり突き刺してきました。目くるめくような快感と、ほんの少しの罪悪感が私を包み、頭が真っ白になりました。

「あっ、いたっ……」

挿入の直後、性器の奥で刺すような痛みが予期せず走り、私は顎を出しました。

薄く目を開けると、後藤さんも意外そうな顔をしていました。

「……久しぶりだったから。別れる前まで、何年もしてなかったから」

わけもなく私は言いわけのように言いました。

「処女膜が戻ってたのかな？　なんか聞いたことがある」

怪しい理由でしたが、うれしさが込み上げてきました。別れた元旦那を体が忘れ、処女に戻ったような気がしたのです。そして、文字どおり後藤さんとやり直せているような気がしたのです。

「真由美、ごめんよ。カノジョがいるのに、ぼくに処女をくれたんだね」

後藤さんは幸せそうな顔で私に謝ってきました。

「いいの。いつか後藤君にあげようと思ってたから」

あのときの気持ちをそのまま口にしました。生活に疲れ、二十年間忘れていた感覚を取り戻した気分でした。

後藤さんの太いペニスが私を貫き、私は赤ん坊のように腕をWの字にして受け入れていました。

「ああ……後藤さんと、ひとつになってるのね」

うめくように私は言いました。

「下の名前で呼んでくれないか。呼び捨てでいい」

「ああ、和彦《かずひこ》……」

口にしたとたん、涙が溢れ、耳に垂れていきました。

後藤さんが顔を寄せてきました。キスをするのかと思ったら、目尻をチロリと舐めてきたのです。

「しょっぱい」

イタズラっぽい表情で、小さくそんなことを言いました。

後藤さんは私の中でゆっくりと前後に動いてきました。

「ああ、あああ……いいわ、和彦、すごい……」

ほんとうに初体験をしているような強い錯覚を覚えました。

私の初体験は元亭主でした。最初から最後まで、私は性欲処理の道具でした。愛のある性体験という経験がなかったのです。

「真由美、いつもおっとりしてるけど、エッチのときは、こんな顔になるんだ」

ピストン運動が激しくなるなか、後藤さんは、ちょっとからかうように言いました。

「あん、いや、見ないで」

私は前後に体を揺らしながら、腕で自分の顔を隠しました。

「ダメだよ。そのエッチでかわいい顔、よく見せて」

エッチでかわいい顔。そんなことを言われたのは初めてです。それも四十一歳で。

全身を襲う強い快感と後藤さんの言葉で、体のすべてが若返っていくような気がしました。

ペニスの動きは激しくなっていきました。

後藤さんは上半身を倒し、私に強く抱きついてきました。私も抱き返しました。それでも腰の動きは強く激しいままです。慣れているなあとちょっと思いました。

腕も、脚も、胸やお腹も、頭の中まで、強い電気が走っているような気分になりました。体の全部が反乱を起こしたように熱くなっていきました。

ですが、後藤さんはゆっくりと動きをゆるめていきました。

「真由美、逆になってくれないか。それで……出したい」

「え、逆？」

意味がわからないまま、後藤さんは上半身を起こし、ペニスを抜いてしまいました。

そうして私の腰に手を添えると、クルリとうつ伏せにしたのです。

おデブさんではありませんが、私も四十一歳でそれなりに脂肪はついています。

それがまるで、子どものように軽くひっくり返ってしまったのです。

「そう。それで、お尻だけを上げてくれ」

言いながら、後藤さんは私のウェストに両手を添え、グイッとお尻を上げました。

「真由美、お尻の穴もかわいいよ。いつも清潔にしてるみたいだね」

これには、乙女心とは無縁の、本気の恥ずかしさを覚えました。

「いや、ダメ。そんなところ、見ないで……」

愚かしいことに、私はシーツにつけた顔を両手でおおっていました。

「入れるよ」

滑稽な姿で恥ずかしがっている余裕はありませんでした。

への字の姿勢で、性器に再びペニスが突き刺さってきました。

テレもあった後藤さんの下の名前ですが、このときは本気で叫んでいました。

「ああっ、和彦っ……あああっ！」

「ああ……真由美、すごいっ！　オドオドしてるのに、こんなすごいモノ、股に隠してたんだな」

からかい口調の後藤さんの声も逼迫していました。

後藤さんの大きな手のひらが、私のお尻の左右にピッタリと添えられました。このとき、大きな安心感と一体感を覚えたのが、強く印象に残っています。

「ああ、あああ……いいわ、和彦！　すてき……すてきだわ」

お尻の向こうから、後藤さんはゆっくりと前後に動いてきました。

よだれが垂れそうになり、はしたなく、じゅるっと音を立ててしまいました。

「真由美、ぼくたち、相性ピッタリだよ……」

後藤さんが高い掠れた声で言い、私は喜びと哀しさを同時に感じました。

ピストン運動は激しくなっていき、私はまた全身が熱くなっていきました。

「あああっ、ダメッ、和彦っ、私っ……壊れちゃうっ！」

不自然な格好のまま、頭は真っ白になり、体じゅうが沸騰するような昂りを覚えました。

「真由美っ、もうすぐ、出るっ！」

腰の動きは、機械のような激しい振動になっていました。

「ああっ！　ダメッ、私っ、溶けちゃうっ！」

まぶたの裏に、次々に原色が明滅しました。初めての体験でした。

「うああっ、真由美っ、出るっ、あああっ！」

最後は暴力的な突きで、後藤さんは私の中に熱い精液を放ちました。

ゆっくりと結合を離し、どさりと横になった後藤さんに、私はむしゃぶりつきました。強く抱き締め、汗ばんだ背中をまさぐり、乳首に吸いつきました。

「真由美、離したくない……」

「離れないわ。和彦さんについていきます。こっそりと……」

「こっそりと」とは、立ち位置をわきまえたつもりの言葉でした。

ラブホテルの安っぽいクリスマスイルミネーションまでが、私を精いっぱい祝福しているように見えました。再び涙がにじんでいました。

私はその後、後藤さんの会社に雇っていただき、五年になろうとしています。

最近、会社の命令で秘書検定を受け、現在は社長秘書として、後藤さんのそばにいます。慎重に動いているので、社長の愛人だということは誰にもバレていません。

クリスマスカードが起こした奇跡……嬉しいプレゼントは淫らな甘熟ママ！

川端輝　会社員・三十六歳

これは、私が二十年以上も昔、学生時代に体験した出来事です。

二十歳の大学生だった私は、アルバイトで家庭教師をしていました。

教えていた生徒は和樹《かずき》くんという中学二年生の男の子です。裕福な家庭に育っていましたがワガママな性格で、私や周囲の人間に立ててついてばかりいました。

それでも時間をかけるうちに、私にだけは心を開くようになったのです。

やがて勉強を教えるだけでなく、個人的な悩みまで相談されるようになりました。

彼が抱えていた悩みというのが、母親との関係でした。彼は母親に対しては特に厳しくあたり、ずっと折り合いが悪いらしいのです。

彼の母親は、洋子《ようこ》さんという四十五歳の女性です。

美人で穏やかな優しい性格で、私にもとてもよくしてくれました。高額なアルバイト代だけでなく、帰るときには手土産を持たせてくれたり、私の話もきちんと聞いてくれました。

そんな女性だけに、和樹くんがどうしてそこまで嫌っているのか、私には理解できませんでした。ただの反抗期かと思いましたが、どうやら複雑な事情があるようです。

彼が私だけに打ち明けてくれたところによると、彼は実の息子ではなく、幼いころに引き取られてきた養子だというのです。

誰かがうっかり口をすべらせてしまったらしく、そのことを知ってから、彼は洋子さんに厳しい言葉を浴びせるようになりました。

なんで自分を引き取ったんだとか、親子でもないのに母親のふりをするなとか、洋子さんが涙を流すこともあったというのです。

それにもかかわらず、洋子さんは一言も彼のことは私に悪く言いません。一度も叱ったことがなくぜいたくなこづかいをあげて、甘やかしてばかりいるのです。

洋子さん自身も、彼に対しては負い目を抱えているように私には見えていました。

実は彼の相談というのは、どうすれば母親と仲直りできるかというものでした。

彼もただワガママなだけではなく、内心では洋子さんとの関係を修復したいと思っていたようです。しかし、ここまで仲がこじれてしまうと、どうすればいいのかわからないと打ち明けられました。

それに対して私は、特別なことをする必要はない。洋子さんには、これまで育ててくれた感謝の気持ちを伝えればそれでいいと、アドバイスを送りました。

ここで私は、一つのアイデアを思いつきました。ちょうどクリスマスが迫っていたので、その日に洋子さんへ感謝の言葉を添えたクリスマスカードを送ってみることを提案したのです。

やがて日にちが過ぎ、クリスマスの日を迎えました。

その翌日は私のアルバイトも休みだったのですが、洋子さんから電話がかかってきて、家に来てほしいというのです。

もしや和樹くんが何か問題でも起こしたのかと不安になりました。雪がちらつく寒空の下を急いで家に向かうと、玄関では洋子さんが深々と頭を下げながら出迎えてくれました。

「ありがとうございます。先生があの子に、クリスマスカードを送るよう言ってくれたんですよね。あの子から、あんな心のこもった言葉をもらえるなんて、それだけでうれしくてうれしくて……」

よく見れば、洋子さんの目には涙が光っていました。

クリスマスの夜、部屋に届けられていたクリスマスカードを見た洋子さんは、涙が止まらないほど感激したというのです。その感謝を伝えるために、私を呼び出したようでした。

そこまで喜んでもらえるとは、私もアドバイスをしたかいがあったと胸をなでおろしました。

聞くところによると、洋子さんは結婚当初から不妊に悩んでいて、最終的に養子をとることを決意したそうです。しかし和樹くんとの関係がこじれてしまうと、自分の判断は間違っていたのではないかと、ずっと悩みつづけてきたというのです。

ちょうどこの日は洋子さんの家族は不在で、私たちは家に二人きりでした。

しばらく洋子さんの話を聞いていると、これからもずっと家庭教師を続けてほしいとお願いをされました。そのためにこれまでの倍以上もアルバイト代を出すというのです。

しかし私は大学生で、来年には就活も控えています。今後のスケジュール次第ではアルバイトをする時間もとれなくなるでしょう。

ところが、そう伝えても洋子さんは引き下がらずに、私が座っているリビングのソファに近づいてきたのです。

「そこをどうにか、お願いします。先生のおかげで私も救われたんですから」

と、体を寄せてきただけでなく、私の腕に胸まで押しつけてきました。

「いや、ちょっと待ってください。別にぼくはそんな……」

当然、私もあわててました。まさか子ども思いの優しい母親である洋子さんが、色仕かけを使ってくるとは思ってもいなかったのです。

しかし洋子さんは止めるどころか、なおも強く胸を押しつけながら、まっすぐに私の目を見て訴えてきました。

「どうしても、ダメですか?」

弱々しい声で言われると、私の決断も鈍ってしまいます。

正直に言うと、洋子さんのことは以前から好意を抱いていました。四十代には見えないほど若々しく、体つきもムチムチしてとても色っぽいのです。

しかし教え子の母親に手を出すなんて、大学生の私にはそんな勇気はありません。

しかも私はまだ童貞だったのです。

そんな私の心の迷いを見透かすように、洋子さんは目の前で服を脱ぎはじめました。

「待ってください。ああ、ちょっと……」

止めるような素振りを見せつつ、私は洋子さんの体から目を離せませんでした。

一枚ずつ脱いでいくごとに、肌が露になっていきます。まるでストリップを間近で見せられているようでした。

高級そうなレースの下着姿になっても手は止まりません。とうとうブラジャーにも手がかけられ、胸のふくらみが弾みながらこぼれ落ちてきました。

さすがに恥ずかしかったのでしょうか、それまでの大胆な脱ぎっぷりが嘘のように、見せたばかりの胸を片手で隠し、うつむいています。

「……どうでしょうか？　もう若くはありませんけど、必ず先生を満足させてみせますから」

ここまで言われてしまっては、もう我慢することはできません。

私は恐るおそる洋子さんの体に手を伸ばしました。初めてふれる女性の肌はしっとりとして温かく、それだけで興奮が一気に上がりました。

ようやく私がその気になったのを見て、洋子さんは安心したように隠していた胸を見せてくれました。

自信がなさそうにしていたわりには、形もよく大きさも立派です。乳首もきれいな色をしていました。

揉みしだいてみると、そのボリュームとやわらかさに私は驚きました。押しつけた手のひらから肉がこぼれてしまいそうなのです。

「先生、もしかして初めてなんですか？」

オドオドしながら胸をさわる私を見て、洋子さんも気づいたのでしょう。

「はい、実は……」

私の返事に、今度は洋子さんから唇を重ねてきたのです。

これも初めてのキスは、ねっとりと舌が絡みついてきました。背中に腕を回され、私はされるがままに舌の感触を味わいつづけました。

長いキスが終わると、すっかり私の頭はのぼせてボーッとしていました。

そのまま私をソファに横たわらせると、洋子さんはこうささやいてくれたのです。

「私に任せてください。先生のために、なんでもしてみせますから……」

そのときの表情は、いつもの洋子さんとは違って見えました。優しそうな顔つきではなく、とても淫らで、どこかうれしそうなのです。

と、今度は下半身にモゾモゾとした刺激を受けました。洋子さんの手がズボンの上から股間をまさぐってきたのです。

「もうこんなに硬くなって……すごいんですね」

すでに勃起していた私は、ズボン越しの手の動きに「ううっ」と声を洩らしました。

円を描くようになで回されると、それだけで気持ちよくて腰が浮いてしまいます。すると顔の上に胸のふくらみが迫ってきました。ちょうど口のあたりに乳首が持ってこられたので、私はすぐさま吸いつきました。

「ふふっ……いっぱい吸ってくださいね」

コリコリした乳首を夢中で舐めていると、洋子さんはくすぐったそうにしています。顔に押し当てられた胸からは、やわらかさだけでなく肌の匂いも感じられてたまりません。少し汗ばんだような甘ったるい香りでした。

しばらくすると、洋子さんの手は私のズボンの中へ忍び込んでいました。ファスナーを下げて器用にペニスを取り出し、直接手でさわってくれたのです。

股間からは温かい手のひらの感触と快感が伝わってきます。おっぱいを吸いながら手でしごいてもらえるなんて、夢のようなシチュエーションです。

「どうですか、気持ちいいですか？」

私が乳首を含んだままうなずくと、さらに手の動きが速くなりました。

もしこのまま射精して終わったとしても、私は大満足だったでしょう。童貞は卒業できなくても十分に気持ちよかったからです。

しかし洋子さんは、さらに大胆なことを考えていました。

おもむろに顔に押しつけられていた胸が離れました。見上げた先に天井が映ったかと思うと、すぐさま真上からショーツに包まれた股間が迫ってきました。

洋子さんは私の体の上で反対向きになり、顔に跨ってきたのです。

お尻がすぐ目の前に近づくと、洋子さんの手がするりとショーツをおろし、股間を剝き出しにしました。

それだけではありません。私が毛むくじゃらの股間に目を奪われている間に、洋子さんは顔をペニスに近づけていました。

「あっ……！」

不意にペニスが生温かいぬめりに包み込まれました。

体にふるえが走ってしまうほどの気持ちよさです。ぬめぬめした唾液とやわらかな唇の感触で、すぐに洋子さんの口の中だとわかりました。

私たちはソファの上でシックスナインの形になっていました。

下になっている私は、股間からの刺激に耐えながら、洋子さんのあそこを指で広げてじっくりと観察しました。

谷間の奥にはピンク色の粘膜が広がっています。小さくすぼまった穴の入り口が、ヒクヒクとふるえていました。

そこは上品な肌の匂いと違って、とてもいやらしい匂いがしました。しかし、かいでいるとものすごく興奮してくるのです。

我慢できずに私もあそこにむしゃぶりつくと、洋子さんのお尻がビクッと反応しました。

「ンンッ、ンッ……ああんっ」

ペニスを咥えていた口が止まり、色っぽい喘ぎ声が洩れてきました。

しかしすぐに気を取り直して、再びフェラチオを開始します。唇の上下の動きがより激しくなってきました。

ただでさえ体がとろけそうなのに、休みなく刺激が押し寄せてきます。

こんな快感は初めてでした。ジュパジュパと音を立てて吸われるたびに、声が出てしまいそうになります。

私もお返しとばかりに、広げたあそこの隅々まで舌を走らせました。

特に念入りに膣の入り口を舐めてやると、じんわりと濡れてくるのがわかりました。腰をもじつかせている反応を見ると、洋子さんもかなり感じているようです。

ただ私のほうが先に、快感に押されて爆発してしまいそうでした。

洋子さんもそれを望んでいるかのように、ペニスから唇を離そうとしません。ずっと咥えたまま顔を動かしつづけています。

「ああ、もう出そうです……」

もう耐えきれないと思い、私は舐めるのを止めてそう口走りました。ペニスを吐き出されるとようやく洋子さんの動きにもストップがかかりました。ペニスを吐き出されたときには、ギリギリのタイミングでした。


ここで止めたということは、次にすることはわかっています。

「そのまま動かないでくださいね。最後まで私がしてあげますから」

と、私をソファに寝かせたまま、洋子さんが腰を持ち上げました。

目の前にあったお尻が私の下半身へ移動していきます。反対に洋子さんの顔が近づいてきました。


私の体に重なったまま、お互いの股間を密着させようと、手でペニスの位置を調節しています。


しばらくして、ちょうどいい位置に来たのか、私に「いきます」と声をかけました。

まだ私はフェラチオをしてもらったばかりで、心の準備もできていません。それなのに洋子さんはまったく時間を置かずに、私の童貞を奪おうとしていました。

「待ってください！　このまま入れたら、すぐに出ちゃいますよ……」

とっさに私は、ペニスが呑み込まれる寸前に言いました。

しかし私の言葉は無視され、とうとう上から腰を落とされました。

ペニスの先が、やわらかな肉の穴へ吸い込まれていきます。ほぼ一瞬で、根元まですべて入っていました。

「うあっ……！」

そのとき私の体には、快感が電気のように走り抜けました。

洋子さんのお尻は私の股間の上に、ぴったりと座り込んでいます。ペニスは陰毛の奥に隠れてしまっていました。

「ね、入ったでしょう!?　これが女の体なんですよ」

私とつながった洋子さんは、体を重ねたまま優しく教えてくれます。

「まだ、だいじょうぶですよね。我慢できます？」

「はい、でも……」

動きが止まっているとはいえ、これまでに味わったことがない不思議な感触です。

ねっとりとまとわりつくようにペニスを包み、全体を締めつけてきます。辛うじてこらえられたのは、それ以上の刺激がなかったからです。

洋子さんもわかっていたのか、無理に動こうとはしません。しばらくお尻を沈めたまま、私に慣れる時間をくれました。

その間は再び熱いキスと、甘やかすように頭をなでつづけてくれました。

「私、先生みたいな若い人とするのは初めてなんです。うちの人ともずっとなかったから、久しぶりに燃えてきちゃって……」

そう告白をしてきた洋子さんは、しきりに胸をこすりつけてきます。

密着する体と、ペニスが膣に吸い込まれたままになっているせいで、私は身動きがとれません。完全に私は洋子さんにコントロールされていました。

やがてじれったくなったのか、股間の上に乗っかっているお尻が小さく揺れはじめました。

「あっ、ああ……ごめんなさい。私、もう……じっとしていられなくて」

と、お尻を動かしながら、洋子さんは切なげな顔で私に言いました。

にゅる、にゅるとペニスが濡れた膣にこすりつけられます。一回の動きは小さくても、出し入れのたびに快感が膨れ上がっていきました。

ずっと発射をこらえてきましたが、もう限界でした。

「ああ、もう出そうです……！」

しかし洋子さんは、ペニスを抜こうともせずに落ち着いています。

「だいじょうぶですよ。私はこんな年ですし、妊娠しない体ですから……たっぷり、私の中に出してください」

そう言われ、不妊で悩んでいたことを思い出しました。

次の瞬間には、洋子さんの膣内で射精がはじまっていました。ぬかるみの奥で精液を出してしまうと、あとはただ快感に身を任せるだけです。

まるで全身が溶けてしまうような気持ちよさでした。

ドクドクと射精が続く間も、洋子さんの腰は緩やかに動いています。まるで私に一滴残らず出してしまうよう、促しているかのようでした。

「ああ……」

ようやく射精が終わり、私が深い満足感に包まれていると、洋子さんがお尻を浮かせてペニスを引き抜きました。

「いっぱい出したんですね……ちょっと待っててください」

そう言い残し、洋子さんはあわててテーブルからティッシュを持ってきました。

よく見れば、さっきまでつながっていた洋子さんの股間から、精液が糸を引いて溢れてきています。私のペニスもべっとりと白く濁った液で濡れていました。

洋子さんは自分の股間をふき終えると、私の体までていねいに後始末をしてくれました。

「すみません……なんか一人で勝手に終わってしまって」

「いいえ。すごく気持ちよさそうだったので、私も満足できました」

あまりに早く射精してしまったので申し訳ない気持ちでしたが、洋子さんのにこやかな顔を見て気が楽になりました。

ただ、私は一度の射精では完全には満足していませんでした。ペニスをふかれている最中に、早くも二度目の勃起を始めていたのです。

「あら、あらあら！　もうこんなに⁉」

洋子さんも手を止めて驚いています。

それから私の顔をチラチラ見ながら、「じゃあ……もう一度しますか？」と聞いてきました。

きっと洋子さんも、本心ではまだ物足りなかったのでしょう。私にうかがいつつも、自分が欲しがっているのは明らかでした。

そのまま私たちは二回戦に突入し、たっぷり時間をかけて楽しみました。

気がつけば、家を訪れてから二時間も過ぎていました。そろそろ家族の誰かが帰ってくるころだというので、私はあわてて着がえて家を飛び出しました。

外はまだ雪がちらついていましたが、空気は冷えていても体には洋子さんの温もりが残っていました。もちろんアルバイトの延長も承諾し、ちゃっかりセックスをする約束まで取りつけていました。

こうして私は、大学を卒業するまで家庭教師のアルバイトを続けました。

その一方で、洋子さんとも家族の目を盗んで体の関係を持ちました。もっとも私よりも洋子さんのほうが熱心に誘ってくるので、週に家庭教師をする日よりも多く会うこともあったほどです。

あれから二十年が過ぎ、和樹くんも立派な大人になっていることでしょう。

いまでもきっと彼は、洋子さんのことを大事に思っているはずです。あの日に彼が送ったクリスマスカードは、洋子さんの一生の宝物になっていることでしょう。

◉読者投稿手記**募集中！**

素人投稿編集部では、読者の皆様、特に**女性の方々からの**手記を常時募集しております。真実の体験に基づいたものであれば長短は問いませんが、最近のSEX事情を反映した内容のものなら特に大歓迎、あなたのナマナマしい体験をどしどし送って下さい。

●採用分に関しましては、当社規定の謝礼を差し上げます（但し、採否にかかわらず原稿の返却はいたしませんので、控え等をお取り下さい）。

●原稿には、必ず御連絡先・年齢・職業（具体的に）をお書き添え下さい。

〈送付先〉
〒101-8405
東京都千代田区神田三崎町２－18－11
マドンナ社
「素人投稿」編集部　宛

◉新人作品**大募集**◉

マドンナメイト編集部では、意欲あふれる新人作品を常時募集しております。採用された作品は、本人通知のうえ当文庫より出版されることになります。

【応募要項】未発表作品に限る。四〇〇字詰原稿用紙換算で三〇〇枚以上四〇〇枚以内。必ず梗概をお書き添えのうえ、名前・住所・電話番号を明記してお送り下さい。なお、採否にかかわらず原稿は返却いたしません。また、電話でのお問い合せはご遠慮下さい。

【送付先】〒一〇一-八四〇五 東京都千代田区神田三崎町二-一八-一一 マドンナ社編集部 新人作品募集係

素人告白スペシャル《しろうとこくはくすぺしゃる》 冬のほっこり熟女体験《ふゆのほっこりじゅくじょたいけん》

二〇二二年 二 月 十 日 初版発行

編者◉素人投稿編集部【しろうととうこうへんしゅうぶ】

発行◉マドンナ社
発売◉二見書房
東京都千代田区神田三崎町二-一八-一一
電話 〇三-三五一五-二三一一（代表）
郵便振替 〇〇一七〇-四-二六三九

印刷◉株式会社堀内印刷所 製本◉株式会社村上製本所 落丁・乱丁本はお取替えいたします。定価は、カバーに表示してあります。

ISBN978-4-576-22006-2◉Printed in Japan◉©マドンナ社

マドンナメイトが楽しめる！ マドンナ社 **電子出版**（インターネット）……https://madonna.futami.co.jp/

Madonna Mate